위기의 밥상,
농업

미래생각발전소 04 위기의 밥상, 농업

초판 1쇄 발행 2010년 9월 30일
초판 29쇄 발행 2022년 11월 30일

글쓴이 서경석 | **그린이** 이철민
펴낸이 김민지 | **펴낸곳** 미래M&B
등록 1993년 1월 8일(제10-772호)
주소 04030 서울시 마포구 동교로 134(서교동 464-41) 미진빌딩 2층
전화 02-562-1800 | **팩스** 02-562-1885
전자우편 mirae@miraemnb.com | **홈페이지** www.miraei.com
블로그 blog.naver.com/miraeibooks
ISBN 978-89-8394-553-2 74300 | ISBN 978-89-8394-550-1 (세트)

글ⓒ서경석, 2010 그림ⓒ이철민, 2010

* 잘못 만들어진 책은 구입처에서 바꾸어 드립니다.
* 이 책은 저작권법에 따라 한국 내에서 보호받는 저작물이므로 무단 전재와 복제를 금합니다.

아이의 미래를 여는 힘, **미래 𝑖 아이**는 미래M&B가 만든 유아·아동 도서 브랜드입니다.

지식과 생각의 레벨업

미래생각발전소

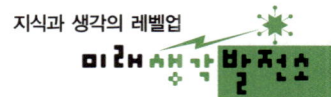

위기의 밥상, 농업

서경석 글 | 이철민 그림

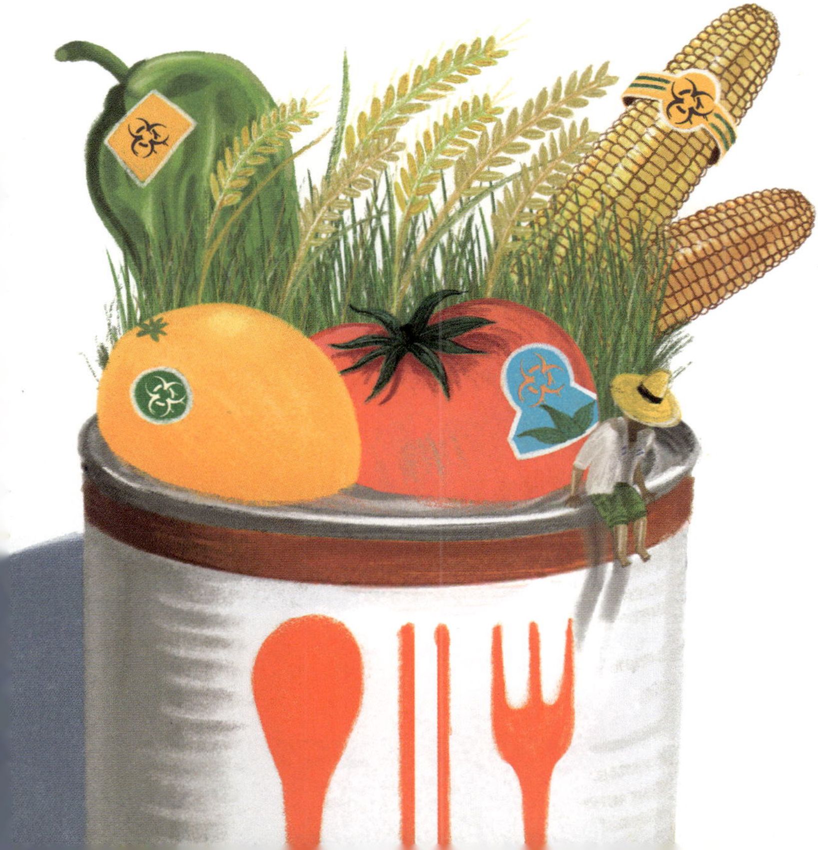

미래i아이

○ 머리말

왜 지금 농업을 말하는 걸까요?

　산에는 개나리와 진달래가 활짝 폈어요. 들에는 새싹이 수줍게 고개를 내밉니다. 사람들도 겨우내 움츠렸던 어깨를 펴고 힘차게 발걸음을 재촉합니다. 하지만 농사 준비에 바빠야 할 할아버지는 어찌 된 영문인지 먼 산만 우두커니 바라봅니다. 처진 어깨가 오늘 따라 더욱 무거워 보입니다.

　지난해 가을 황금빛으로 물든 들판을 바라보며 함박웃음을 짓던 할아버지에게 무슨 일이 생긴 걸까요? 추수가 끝나자마자 할아버지의 함박웃음은 싹 사라졌습니다. 80킬로그램 쌀 한 가마의 가격이 13만 원으로 크게 떨어진 겁니다. 지지난해 가을에 17만 원이었으니 무려 4만 원이나 떨어진 거지요.

　이처럼 쌀값이 폭락한 까닭은 무엇일까요? 가장 큰 이유는 창고에 쌓여 있는 쌀의 재고 때문입니다. 거기에 2008년부터 북한으로 보내는 쌀 지원이 중단되고, 1980년대부터 국민소득이 늘고 생활수준이 높아지면서 식생활이 크게 바뀐 것도 쌀이 남아도는 이유가 되었습니다.

　게다가 1993년에 우루과이라운드 협상이 타결되면서 쌀 시장을 열게 되었습니다. 우리나라는 쌀을 완전 개방하는 대신 매년 의무 수입 물량을 2만 톤씩 늘려나가기로 약속했답니다. 그런데 그 양이 지난해 30만 톤을 훌쩍 넘어섰고, 다시 협상해야 하는 2014년에는 40만 톤을 수입해야 합니다.

　정부의 대책이 없는 한 쌀값 폭락을 막을 방법은 없는 듯 보입니다.

　쌀값이 폭락하면 쌀농사로 수지를 맞추지 못하는 농가는 쌀농사를 포기하게 됩니다. 처음에야 얼마 안 되겠지만, 갈수록 늘어나겠지요. 쌀농사를 포기하는 농가가 늘어나면 쌀 재고는 줄어들게 될 겁니다.

문제는 쌀이 마음먹은 대로 생산량을 늘렸다 줄였다 할 수 없는 작물이라는 데 있습니다. 논은 밭과 달리 세심하게 관리해야 하는 시설입니다. 몇 년 동안 그냥 묵혔다가 정상적인 수확을 하려면 또다시 몇 년은 땀 흘려 가꿔야 합니다. 그동안 우리는 수입하는 쌀에 의존해야겠지요.

　외국 쌀에 우리의 생명 줄을 맡기는 상황에서 흉년이 든다고 생각해 보세요. 우리나라 쌀 생산량이 370만 톤밖에 안 된다면 무려 130만 톤을 더 수입해야 합니다. 쌀값은 하늘 높은 줄 모르고 올라가 톤당 600달러 남짓이면 수입할 수 있었던 것이 3000달러를 주고도 구할 수 없을지도 모릅니다. 톤당 3000달러면 3만 5천 원 하던 20킬로그램 한 포대가 9만 원 이상으로 오른다는 말이 됩니다.

　설마라고요? 설마가 사람 잡습니다. 쌀 수출국이었던 아이티와 필리핀에서 실제로 벌어졌던 일이기도 하고, 우리나라도 이미 1980년대 초반, 일본이 1990년대 초반에 겪었던 일입니다.

　농부가 아니라서 다행이라고요? 자동차를 많이 팔아서 중국이나 가까운 동남아시아에서 싸게 파는 쌀을 사오면 된다고요? 자동차는 없어도 살 수 있지만, 식량은 없으면 굶어 죽어야 합니다. 그런데 그런 쌀을 키워 내는 농민들이 쌀값 폭락으로 죽어가고 있습니다.

　우리의 먹을거리를 책임지고 있는 농업과 농민의 위기가 어디에서 비롯되었는지, 농업과 농민을 되살리는 길은 없는지 함께 생각해 보았으면 합니다.

○ 차례

농업, 농촌, 농민

인류 최초의 산업, 농업 ...12
신석기 혁명과 사회 발전 ...15
문명과 국가의 탄생 ...18
근대 이전 농민의 생활 ...22
암울한 우리나라 농업 ...26
농업이 사라지면 ...30

우리 농업이 위기에 빠진 까닭

위기의 농촌, 가난한 농민 ...42
경제 개발 정책과 농민 ...48
통일벼와 녹색혁명 ...51
쌀 소비를 장려하는 정부 ...58
생산비에도 못 미치는 쌀값 ...60

녹색혁명과 곡물 기업

식량 생산과 재고 ...66
휴대전화와 맞바꾼 식량 ...72
제 세상 만난 곡물 기업 ...76
곡물 기업과 우루과이라운드 협정 ...82
공룡의 탄생 ...85

식량 위기

chapter 4

필리핀에 무슨 일이? ...92
식량 위기는 이제 시작일 뿐 ...100

유전자 조작 농산물의 공포

chapter 5

유전자 조작 농산물 ...108
유전자 조작 농산물을 기르는 이유 ...111
유전자 조작 농산물의 위험성 ...114
완전하지 않은 터미네이터 ...118
유전자 조작 농산물의 생존 본능 ...122

위기에 빠진 농업, 대안을 찾아서

chapter 6

적자 농업, 위기의 농촌 ...130
해결책은 있다! ...132
무한 도전, 쿠바가 새롭게 발견한 농업 ...140
안전한 먹을거리와 친환경 농업 ...148
지역 먹을거리 공급 체계 ...153
우리 농촌이 살길 ...156

chapter **1**

농업, 농촌, 농민

우리의 먹을거리를 책임지고 있는 농업.
그런데 지금 우리 **농업**과 **농민**이
위태롭다.

인류 최초의 산업, 농업

인류가 처음 지구에 모습을 드러낸 것은 약 400만 년 전입니다. 이때부터 농사를 짓기 전까지 인류는 사냥하거나 물고기를 잡거나 열매, 잎, 뿌리 따위를 따 먹으며 살았지요. 그러면서 불을 발견해 음식을 익혀 먹게 되었고, 사나운 짐승의 공격으로부터 살아남을 수 있었어요. 그리고 나무와 돌멩이, 짐승의 뿔과 뼈, 물고기 가시, 조개껍데기 같은 것들로 도구를 만들어 사용했지요.

아프리카 칼라하리 사막에는 아직도 이런 모습으로 살아가는 부족이 있답니다. 바로 '부시맨'이라 불리는 원주민들인데, 이들은 지금도 여전히 사냥을 하고 과일이나 줄기, 잎, 뿌리 따위를 따 먹으면서 살고 있지요.

덥고 메마른 사막에서 이런 식으로 먹을거리를 구하는 게 쉽지 않을텐데, 놀랍게도 부시맨들은 하루에 고작 두 시간에서 네 시간 정도밖에 일하지 않습니다. 그날 먹을 만큼만 사냥하고 채집하기 때문이지요. 내일 먹을 것까지 오늘 사냥하고 채집하면 사막의 생태계가 무너지고, 결국에는 모두가 굶어 죽게 된다는 걸 부시맨들은 오랜 경험으로 알고 있는 것입니다.

그럼 나머지 시간에는 뭘 하냐고요? 시원한 그늘에 누워서 잠을 자거나 모여서 이야기를 나눕니다. 우리 눈에는 하루 대부분을 빈둥거리며 보내는 것처럼 보이지요. 이러한 모습은 파푸아뉴기니의 열대 밀림에 사는 원주민들이나 남아메리카 열대 밀림에 사는 인디오들에게서도 흔히 볼 수 있어요.

지금 우리가 보기에는 조금 의아하지만, 초기 인류는 모두 이렇게 살았어요. 인류의 생활이 달라지기 시작한 것은 약 1만 년 전 '원시 농경'을 하면서부터입니다. 원시 농경이란 땅에 씨앗을 뿌린 뒤 사냥이나 고기잡이, 채집 생활을 하며 떠돌아다니다가 농작물이 다 자랐을 때쯤 돌아와 열매나 씨앗, 잎이나 줄기, 뿌리를 캐 먹는 것을 말합니다.

당시 지구는 마지막 빙하기가 끝난 시기라 공룡 같은 몸집이 거대

아프리카 남부 칼라하리 사막에 사는 부시맨들은 아프리카에서 가장 오래된 부족 중 하나다. 살아있는 세계 문화 유산이라 평가받을 만큼 원시 생활을 그대로 유지하며 살고 있다.

욕심부리지 마. 오늘 먹을 것만 있으면 돼!

농업이란

농업이란 좁은 뜻으로는 땅에 씨앗을 뿌린 뒤 농작물을 가꾸어 사람이 먹을 수 있는 작물을 생산하는 산업을 말한다. 하지만 넓은 뜻으로는 나무를 심어 숲을 일구고 열매나 잎, 목재, 버섯 따위를 거두는 임업과 가축을 기르는 축산업, 농산물, 임산물, 축산물을 가공하는 가공 산업까지 모두 아우른다.

한 동물들이 멸종하고, 다른 동물들은 따뜻한 곳을 찾아 떠난 뒤였어요. 식물들도 제대로 열매를 맺지 못했고요. 그러다 보니 인류는 먹을거리가 매우 부족했어요. 굶어 죽을지도 모르는 위기에 처한 것이지요.

그러다 우연히 먹고 남은 곡물이 땅에 떨어져 작물이 자라고 열매가 맺히는 경험을 하게 됩니다. 그 뒤로 사람들은 씨 뿌리는 일에 관심을 가지게 되었고, '농사'를 짓기 시작합니다.

사실 씨 뿌리고 열매 따는 것 외에는 아무것도 하지 않았기 때문에 딱히 '농사'를 지었다고 말하기는 어려워요. 그래도 당시 상황에서는 획기적이라 할 만큼 대단한 일이었지요.

농사는 먹을거리를 얻을 수 있는 매우 안전한 방법이었어요. 목숨 걸고 동물과 싸우지 않아도 되는 데다 여기저기 돌아다니는 것보다 훨씬 편하고 쉬웠으니까요.

이제 사람들은 깨어 있는 시간 대부분을 농사에 쏟아붓게 되었어요. 이렇게 해서 인류는 농업*이라는 최초의 산업을 일으키게 되었답니다.

신석기 혁명과 사회 발전

농사를 짓기 시작한 인류는 이제 농사뿐 아니라 야생 동물을 붙잡아 키워서 식량으로 삼고, 집안일을 도와줄 가축으로 이용하는 목축도 시작합니다. 이를 역사학에서는 '신석기 혁명'이라고 하지요. 자연에 의존해서 살던 인류가 직접 재배한 식량을 먹으며 살아가는 시대가 된 것입니다. 마땅히 '혁명'이라고 할 만한 사건이었지요.

이때부터 역사의 수레바퀴는 점점 속도가 빨라집니다. 농업과 목축업은 17세기 영국에서 발생한 '산업 혁명' 이상으로 인류의 생활 모습을 크게 바꾸어 놓았지요. 그래서 일부 학자들은 신석기 혁명을 '인류 최초의 산업 혁명'이라고도 한답니다.

신석기 혁명으로 먹을거리를 찾아 떠돌아다닐 필요가 없게 되면서 사람들은 한 군데 모여 살기 시작했어요. 이른바 정착 생활이지요. 풍부한 먹을거리와 정착 생활로 인구는 빠르게 늘어났어요. 농사를 짓다 보니 농업 기술도 점차 발달했고요. 그에 따라 생존을 위협하는 각종 위기에 대응하기 위한 식량 비축량도 늘어났어요.

그러자 다른 사람들이 쟁여 둔 식량을 노린 습격 사건이 심심치 않게 일어났어요. 농사가 잘 되는 땅을 차지하려는 다툼도 나타났고요. 물론 물 대기 쉽고 비옥한 땅을 차지한 무리는 농사가 잘 되어 먹을거리가 많았기 때문에 주변에 있는 다른 무리보다 사람도 많고 힘도 셉니다. 하지만 다른 무리들이 힘을 모아 공격하면 막을 방도가 없었어요. 바야흐로 전쟁의 시대가 열린 것이지요.

전쟁에서 이기려면 뛰어난 무기와 싸움 기술, 병사를 부리는 방법, 여러 가지 전술이 필요합니다. 따라서 무리 안에 이러한 전술들에 밝은 전쟁 전문가가 나오기 시작했지요. 그리고 좀 더 단단하고 날카로운 창과 칼, 좀 더 멀리 날아가고 명중률이 높은 활과 화살을 만들 수

농사를 짓고 목축을 하면서 인류는 정착 생활을 하게 된다. 정착 생활로 생활이 안정되고, 풍요로워지자 사회는 지배층과 피지배층으로 자연스럽게 나뉘어졌다.

있는 장인도 등장했어요. 이 장인들은 처음에는 흑요석이나 화강암 같은 단단한 돌을 다듬어 우수한 무기를 만들었지만 얼마 지나지 않아 구리나 청동, 철 같은 금속을 녹여 무기를 만들었어요.

전에는 경험이 풍부하고 지혜로우며 나이 많은 사람이 무리의 우두머리가 되어 하늘과 땅에 제사를 지내고 여러 문제들을 해결했다면, 이제는 주로 전쟁 전문가가 우두머리가 되었어요. 그러면서 종교와 정치가 나뉘게 되었고, 정치 지도자의 영향력이 더욱 강해져 종교 지도자가 정치 지도자를 보좌하는 신하가 되기도 했지요.

한편, 전쟁에서 청동제 무기나 철제 무기의 중요성이 커지면서 대장장이가 정치 지도자를 맡는 경우도 생겼어요. 그리스에서 대장장이 신 헤파이스토스를 숭배했던 것이나 신라에서 대장장이 석탈해가 왕이 된 것이 그 대표적인 예입니다.

그렇게 사회는 점점 복잡해졌어요. 정치 지도자 밑으로 전쟁 전문가, 종교 지도자, 장인이 들어오고, 세금을 거두는 관리와 앞으로 있을지 모를 외부의 침략에 대비하기 위해 군인도 나타납니다. 이른바 '관료 집단'이 만들어진 것이지요.

이 관료 집단은 더 이상 농사를 짓지 않고 정치적으로 힘을 키웠어요. 백성은 농사를 짓고, 정치 지도자와 관료들은 백성들이 바친 세금으로 살아가면서 사람들에게는 '계급 의식'이 자리를 잡기 시작했어요.

문명과 국가의 탄생

이제 사회는 지배층과 피지배층으로 나누어졌어요. 피지배층이 된 백성들은 불만이 쌓여 갔지요. 왜냐고요? 땀을 몇 말이나 쏟아 가며 거둬들인 농작물을 세금으로 바쳐야 했으니까요. 당연히 억울했지요.

지배층은 백성들에게 왜 세금을 내야 하는지, 세금을 내면 어떤 이득이 있는지 보여 주어야 했어요. 그래야 백성들의 불만도 줄이고, 자신들의 위치도 위협 받지 않을 테니까요.

그래서 지배층이 선택한 방법은 두 가지였어요. 하나는 전쟁이었지요. 외부의 침입을 막는 데에서 한 걸음 더 나아가 먼저 다른 무리를 공격해 땅과 먹을거리를 빼앗는 겁니다. 그러면 사람들을 붙잡아다 농사에 부려 먹을 수도 있고, 그만큼 일손이 많아지니 돈을 좀 모으거나 힘을 얻은 사람은 군인이나 관리가 될 수도 있었고요. 평범한 백성에서 지배층으로 올라서는 길이 생긴 것이지요.

백성을 다스리기 위해 지배층이 선택한 또 하나의 방법은 농업 기술을 제공하는 것이었어요. 농사 기술이 발전할수록 수확량과 인구가 많아지고, 땅이 넓어져요. 지형과 기후에 잘 적응한 작물, 우수한 품종을 가리는 일부터 우수한 종자 고르기, 제때 물을 대거나 빼는 일, 일손을 덜어 주는 농기구까지 여러 과정이 모두 농사 기술이지요. 그중에서도 가장 중요한 것은 씨 뿌리고 잡초 뽑고 수확하는 '시기'를 잘 맞추는 일입니다. 지배층은 이와 관련된 정보와 지식을 모아서 때때로 백성들에게 알려 줌으로써 자신들의 역할과 존재를 더욱 부각시켰지요.

이 일을 효과적으로 하기 위해 지배층이 만들어 낸 것이 문명과 국가입니다. 기원전 3500년에 서남아시아의 티그리스 강과 유프라테스 강 사이에서 메소포타미아 문명이, 기원전 3000년에 나일 강 유역에는 이집트 문명이, 기원전 2500년에 인도의 인더스 강 유역에 인더스 문명이, 그리고 중국의 황허 강 유역에서 황허 문명이 탄생했는데, 이들을 세계 4대 문명이라고 해요. 세계 4대 문명은 농업이 문명과 국

가의 바탕임을 잘 보여 주고 있어요.

　　세계 4대 문명은 큰 강 유역의 비옥한 토양 덕분에 탄생했어요. 나일 강 유역에서 탄생한 고대 이집트 문명의 경우, 홍수 때마다 흘러넘친 나일 강 상류의 비옥한 흙모래가 중하류 유역을 덮쳐서 된 대표적인 예랍니다. 홍수가 나면 집이 물에 잠기고 사람과 가축이 떠내려가는 등 엄청난 피해를 입기도 하지만, 언제 홍수가 나는지 제대로 알고 대피하기만 하면 오히려 축복이 된답니다. 해마다 나일 강의 홍수가 비옥한 흙모래를 쓸고 내려와 중하류 유역을 풍요롭게 만들어 준 것처럼요. 덕분에 나일 강 중하류 유역은 비료를 주지 않아도 언제나 풍년을 약속하는 그야말로 '젖과 꿀이 흐르는' 축복의 땅이 되었지요.

　　따라서 이들 나라에서는 언제 홍수가 나 강물이 넘치는지 정확하게 알고 대처하기 위해 달력을 만들었어요. 달력을 만들려면 매일 밤 해와 달, 별의 위치를 관측해 그 운동 법칙을 찾아내야 했기 때문에 천문학과 대수학이 발달했지요. 홍수로 강물이 흘러넘친 뒤에는 땅이 흙

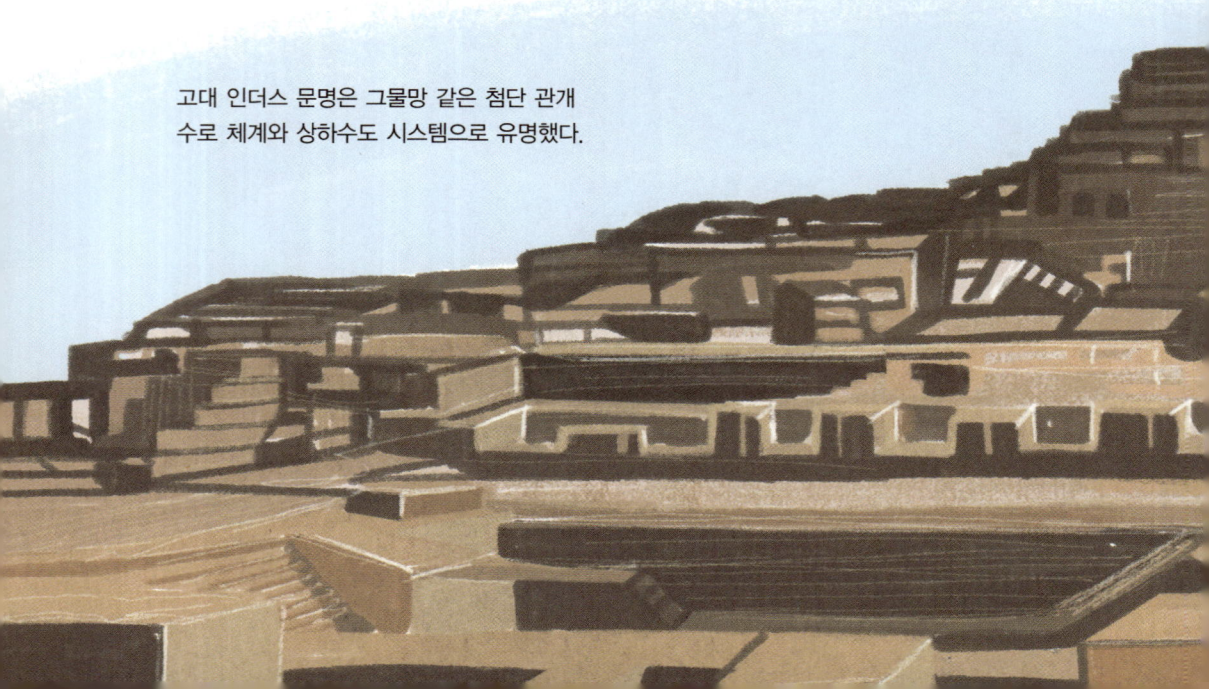

고대 인더스 문명은 그물망 같은 첨단 관개 수로 체계와 상하수도 시스템으로 유명했다.

모래로 뒤덮여 어느 땅이 누구 것인지 알 수 없었어요. 땅 주인을 가려내려면 측량을 하는 수밖에 없으니 측량술과 기하학도 발달했지요. 그리고 작물을 기르는 땅에 물을 대기 위해 물길, 즉 관개 수로도 촘촘히 냈어요.

또 뜻밖의 홍수 피해를 막기 위해 강둑을 튼튼하게 쌓아올렸어요. 짧게는 수십 킬로미터에서 길게는 수백, 수천 킬로미터에 이르는 제방*을 튼튼하게 쌓아올리려면 사람들을 수만 명에서 수십만 명까지 동원해 효율적으로 일을 시켜야 해요. 수만 명에서 수십만 명의 일꾼을 하나의 조직으로 묶어 효율적으로 일을 시키는 조직, 즉 국가는 이렇게 해서 탄생했어요.

제방 공사로 왕이 되다

강을 끼고 있던 이들 나라에서는 홍수를 막기 위해 제방 공사를 했는데, 공사의 총감독을 맡은 사람이 왕이 되는 경우도 있었다. 중국 황허 문명의 전설적인 지도자인 하나라의 우왕은 제방 공사를 잘한 공로로 왕위에 올랐다.

근대 이전 농민의 생활

생활양식이 어느 정도 갖춰지고 국가가 나타난 뒤, 서양에서는 그리스·로마 문명이 탄생하고 기독교가 뿌리내렸어요. 동양에서는 인도와 중국, 이슬람 문명이 찬란한 빛을 내뿜었지요. 하지만 동서양 모두 농업과 목축이 여전히 주된 생활 방식이었어요. 근대 이전에는 농민이 인구의 85퍼센트, 장인과 상인이 10퍼센트, 귀족과 관리가 5퍼센트 정도였어요. 그만큼 농업이 국가의 중요한 경제적 기반이자, 1년 농사가 어떻게 되느냐에 따라 국가는 물론 사람들의 삶도 좌지우지할 정도로 큰 부분을 차지하고 있었어요.

그렇다면 당시 농민들은 어떻게 살았을까요? 근대 이전, 조선 후기인 18~19세기까지 우리나라 농민들은 거의 대부분 벼농사를 지었어요. 여자들은 밭농사와 길쌈을 했지요. 그리고 가을에 추수가 끝나면 나라에 세금을 바쳤어요. 땅에 매기는 토지세로는 쌀을 바치고, 군대에 가지 않는 남자들은 방위세로 무명을 바쳤지요. 땅 주인에게서 땅을 빌려 소작을 부치는 경우에는 수확량의 30퍼센트에서 많게는 반을 뚝 떼어 소작료로 바쳐야 했어요. 자기 땅이 있는 농민은 나라에만 세금을 내면 되었지만, 소작료까지 내야 하는 농민은 너무나 살기 힘들었어요.

당시 농민들은 필요한 물건들을 스스로 구하거나 만들어 썼기 때문에 돈을 벌기 위해 뭔가를 내다 파는 일은 거의 없었어요. 직접 농사지은 쌀과 잡곡으로 밥을 해 먹고, 산나물을 뜯어 반찬을 만들어 먹었지요. 옷도 목화를 직접 기르거나 자기 물건과 맞바꿔 직접 지어 입었고요. 삼베나 모시풀로 베나 모시를 짜는 경우도 많았어요. 쌀과 나무를 맞바꿔 나무 기둥을 세우고 흙벽돌을 쌓아 초가집을 지어 살았어요. 살아가는 데 반드시 있어야 하는 의식주를 자급자족한 거예요.

나라에 바치는 세금도 농사지은 쌀과 길쌈한 무명으로 냈기 때문에 굳이 돈이 필요하지 않았어요. 쌀을 가져가면 대장간에서 낫이나 호미, 괭이, 쇠스랑 같은 농기구로 바꾸어 주었고, 가끔 오는 등짐장수와 봇짐장수*에게도 쌀을 주고 소금이나 젓갈을 얻을 수 있었어요. 쌀과 밭작물을 들고 장터로 나가면 온갖 신기한 물건과 바꿀 수 있었지요. 쌀과 무명이 돈이나 마찬가지였어요.

> **등짐장수와 봇짐장수**
>
> 물건을 등에 지고 다니며 파는 등짐장수와 봇짐장수를 통틀어 보부상이라고 한다. 신라 때부터 있었는데, 조선 시대부터 활발하게 활동하였다. 나라가 위급할 때마다 식량을 조달하는 등 많은 일을 하였다.

돈 대신 쓰는 쌀이나 무명처럼 부피가 크고 무게가 나가는 물건을 '현물 화폐'라고 해요. 상업이 그다지 발달하지 않아 물물교환이 잦은

장터는 농민들이 직접 생산한 물품을 팔고, 필요한 생필품을 사고파는 중요한 장소였다. 보통 5일마다 열리는 5일장이 일반적이었다.

곳에서는 보통 현물 화폐가 거래돼요.

그런데 상거래를 하기에는 부피가 크고 무거운 물건이 불편하기 때문에 나라에서는 '돈'을 만들었어요. 우리나라에서 맨 처음 만든 화폐는 고려 시대의 건원중보예요. 철로 만든 철전과 동으로 만든 동전 두 가지가 있었지요. 쌀이나 토산품 같은 현물 화폐와 함께 사용되다가 찻집이나 술집, 식당 등에서만 사용하도록 제한을 받기도 했어요. 조선 시대의 대표적인 화폐는 상평통보, 그러니까 엽전이라는 금속 화폐인데 만드는 관청마다 크기나 성분이 조금씩 달랐어요. 그러다 보니 실제 가치에 차이가 있어서 화폐가 꼭 필요한 상인, 관리나 부자들이 주로 이용했을 뿐, 농민들은 거의 사용하지 않았어요.

이러한 농민 중심 경제는 17세기와 18세기 영국에서 시작된 산업 혁명이 세계를 자본주의로 이끌기 전까지 큰 변화 없이 계속되었어요. 하지만 자본주의가 본격화되면서 농민 중심 경제는 아이스크림 녹듯 녹아내리고 말지요.

암울한 우리나라 농업

농업 중심에서 자본주의 경제로 옮아오면서 가장 변화가 컸던 것은 '돈'이에요. 돈이 만들어지고 널리 쓰이게 되면서 사람들은 모든 거래를 '돈'으로 하게 되었지요.

당연히 농사를 짓는 데도 돈이 들게 되었어요. 그것도 많이요. 비료며 농약이며, 작은 농기구에서부터 커다란 농기계까지 돈이 없으면 구할 수가 없어요. 고추 줄기를 지탱해 줄 지지대도, 밭고랑을 덮을 비닐도 돈을 주고 사야 해요. 비닐하우스를 만들 비닐과 플라스틱 파이프, 유리 온실을 짓는 데 필요한 철강과 유리도 다 돈이고요. 모를 내거나 추수할 때 필요한 일손도 돈 주고 사야 하고, 작물의 씨앗인 종자도 종자 회사에서 사야 하지요. 가축이 새끼를 가지는 데도, 예방 주사를 맞히는 데도, 먹이를 먹이는 데도 돈이 필요해요. 돈이 없으면 일상생활을 할 수도 없고, 농사도 불가능하지요.

한마디로, 농업도 장사나 기업 경영처럼 반드시 수지를 맞춰야 하는 산업이 된 거예요. 수지를 맞춘다는 말은, 물건을 생산하는 데 들어간 돈보다 물건을 팔아 생긴 돈이 많아야 한다는 뜻입니다.

그런데 농작물이 제값을 받기란 여간 어려운 일이 아니에요. 농작물 수확량에 따라 가격이 확확 오르내리거든요. 수확량이 많으면 값이 떨어져요. 반대로 농작물 수확량이 적으면 값이 오르기는 하지만, 농작물 가격*이 오르면 다른 물가도 줄줄이 인상되기 때문에 정부에서는 다른 나라 농산물을 수입해 이를 막아요. 이래저래 농민들이 농작물을 팔아 이득을 보기는 쉽지가 않겠네요.

> **농작물 가격**
>
> 농작물은 소비는 비교적 일정하지만, 자연환경이나 자라는 기간 등 환경의 변화에 민감해서 생산량의 변화가 크므로 가격이 폭등하거나 반대로 폭락하기 쉽다.

게다가 1993년에 우루과이라운드 협상이 타결되고 세계 무역 기구(WTO)가 만들어지면서 농산물도 공산품과 마찬가지로 자유롭게 무역해야 할 상품이 되었어요. 그러니까 우리나라 안에 있는 농가끼리는 물론 미국, 필리핀, 칠레, 프랑스, 독일, 덴마크 같은 농업 선진국의 개인 농가와 대규모 농장과도 경쟁하게 된 것입니다.

사실 이것은 매우 불공정한 경쟁이에요. 체급도 체격도 다른 선수끼리 권투를 하게 한 것과 다를 바 없거든요. 그 결과, 이 경쟁에서 탈락하고 농사를 포기하는 농민들이 급속히 늘어 19세기 말에는 전체 인구의 85퍼센트를 차지하던 농민이 2008년 기준으로 6.6퍼센트밖에 되지 않아요. 그것도 50대 이상이 대부분이고요.

우리나라의 농업은 앞으로 어떻게 될까요?

생각발전소

우루과이라운드 협상

    1986년, 관세 및 무역에 관한 일반 협정(GATT) 각료 회담이 우루과이에서 열렸다. 당시 미국과 유럽 같은 선진국들은 자기 나라 산업을 보호하기 위해 아시아, 아프리카, 라틴아메리카에 있는 신흥 공업국들에게 온갖 제재를 일삼고 있었다. 그 바람에 세계 무역이 위축될 조짐이 나타나자 세계 각국의 관리들이 한자리에 모인 것이다. 이때부터 세계 여러 나라들은 자기 나라의 이익을 위해 그야말로 치열한 경제 전쟁을 벌였다.

    미국, 캐나다, 오스트레일리아, 뉴질랜드 같은 농산물 수출국들은 농산물을 자유롭게 수출하려고 유럽과 일본, 신흥 공업국 같은 농산물 수입국들에 엄청난 압력을 넣었다. 자유롭게 농산물을 수출하게 되면 농산물 생산을 줄이지 않아도 되고, 자기네 나라 농민들의 소득도 올릴 수 있어 일석이조의 효과를 거둘 수 있었기 때문이다. 곡물 회사들도 나라 간 농산물 시장을 열면 지금보다 몇 배, 몇 십배 이익을 볼 수 있어서 죽기 살기로 덤벼들었다. 곡물 회사들은 농산물 수출국 농민들을 동원해 정치인들에게 압력을 넣는 한편, 의회와 정부에 막대한 정치 자금을 마구 뿌려 댔다. 특히 미국 의회와 정부가 로비의 주요 대상이었다.

세계 최대의 곡물 회사인 카길의 부회장인 댄 암스투츠는 미국 협상 대표로 참가해 농산물 시장을 개방하라고 목소리를 높였다. 농산물 시장을 개방하지 않으면 더 이상 미국 시장에는 수출할 꿈도 꾸지 말라고 신흥 공업국들을 협박했다. 결국 농산물 분야에서는 이 암스투츠가 만든 협정 초안에 따라 1993년에 '우루과이라운드 협정'이 타결되었다.

이후 세계 각국은 농산물 시장을 개방할 수밖에 없었고, 이때 우리나라도 쌀 시장을 열게 되었다. 우루과이라운드 협정은 곡물 회사의 승리, 전 세계 농민의 패배를 상징하는 사건이었다. 그래서 우루과이라운드 협정을 '곡물 회사 협정', '카길 협정'이라고도 부른다.

당신네 농산물 시장을 열지 않을 거면, 우리 미국에 자동차 수출은 꿈도 꾸지 마!

농업이 사라지면

카리브 해에 있는 아이티를 예로 들어 볼까요? **아이티는 인구의 절반 이상이 하루에 1달러 이하로 살아가는 라틴아메리카 최악의 가난한 나라예요. 하지만 30년 전만 해도 쌀 수출국에 속해 있었지요.** 그런데 어쩌다 이렇게 가난하고 비참한 처지가 됐을까요? 그건 바로 벼농사를 포기했기 때문이에요*.

아이티는 열대 지방이어서 쌀, 옥수수, 고구마 같은 작물을 해마다 두 번씩 심었어요. 그래서 1970년대 초반까지는 필요한 식량을 나라 안에서 구할 수 있었지요. 국민들도 넉넉하지는 않아도 그럭저럭 먹고 살 수는 있었어요.

그런데 1970년대 후반에 미국 정부에서 아이티에 거액의 원조를 주겠다고 나온 거예요. 하지만 원조에는 조건이 붙어 있었어요. 쌀과

아이티의 벼농사 몰락

아이티는 1986년에 국제통화기금(IMF)에 돈을 빌리며 쌀 시장을 개방했고, 1995년에는 수입 쌀의 관세를 35퍼센트에서 3퍼센트로 급격히 내렸다. 이에 따라 미국 쌀이 아이티 쌀 시장을 지배하게 되었고, 자급률이 100퍼센트에 가까웠던 아이티의 벼농사는 몰락하고 말았다.

옥수수는 돈이 안 되니까 더 이상 농사짓지 말고, 돈이 되는 커피, 사탕수수, 카카오, 사이잘삼 따위를 심어야 한다는 것이었지요. 쌀과 옥수수를 수출하려는 미국 곡물 회사의 농간이었던 거예요.

당시 아이티는 30년 동안 부자가 대를 이어 권력을 독차지하고 있던 때라 국민들의 반대를 무마하기 위해서는 미국이 주겠다는 거액의 원조가 반드시 필요했어요. 결국 아이티 정부는 미국의 조건대로 농업 정책을 바꾸기로 하고 원조를 받았어요.

농민들은 정부에서 권장하는 대로 쌀과 옥수수 대신 커피, 사탕수수, 카카오로 작물을 바꿨어요. 쌀과 옥수수는 미국에서 수입하고 커피, 사탕수수, 카카오는 미국으로 수출했지요.

커피, 사탕수수, 카카오의 국제 시세가 좋을 때에는 쏠쏠히 재미를 보기도 했어요. 하지만 얼마 지나지 않아 값이 폭락했어요. 세계 여러 나라에서 너도나도 커피, 사탕수수, 카카오를 심으면서 너무 많은 양을 생산했거든요. 수입하는 쌀과 옥수수 값도 처음에는 쌌지만 해가 갈수록 올랐어요. 더 이상 쌀과 옥수수를 생산하지 않으니 곡물 회사에서 값을 올려도 대항할 수 없었던 거예요.

이런 형편이다 보니 가난한 국민들은 먹을 게 없어 굶주림에 시달려야 했어요. 오죽하면 아이티 어린이들이 진흙에 소금과 마가린을 섞어 햇볕에 바짝 말린 진흙 쿠키를 다 먹겠어요? 말이 쿠키지, 진흙을 햇볕에 말린 거라 영양은커녕 온갖 병균에 그대로 노출되어 있어요. 건강을 해칠 가능성이 높지만, 그래도 일단 배를 채워야 하니 그런 거라도 먹는 거예요.

이처럼 농업이 사라지면 무시무시한 일이 벌어져요. 농민은 농민대로 농사 대신 다른 일거리를 찾아야 하고요. 하지만 일자리를 구하는 게 쉬운 일이 아니지요. 게다가 일자리를 찾는 수요가 많아지면 고용 조건이 나빠지고 임금도 떨어질 수밖에 없어요. 돈이 없으니 사람들은 소비를 줄일 테고, 물건이 팔리지 않으니 기업은 기업대로 고용을 줄여 돈을 아끼려고 하고요. 한마디로 악순환이 계속 되는 것이지요.
　이 고리를 끊으려면 어렵기는 하지만 일자리를 늘리는 것이 최선

아이티의 굶주린 아이가
진흙을 빚어 말린 진흙 쿠키를 먹고 있다.

이에요. 아울러 일자리를 찾지 못한 사람들에게 최소한의 기본 생활을 보장하는 사회 안전망도 만들어야 하고요. 이 두 가지 모두 어마어마한 세금이 들어가니 실현되기 굉장히 어려워요.

벼농사를 짓고 쌀을 주식으로 하는 지역의 경우, 벼농사가 사라지면 논도 사라지고 말아요. 벼농사를 지으려면 모내기 전부터 이삭이 팰 때까지 물을 계속 대 주어야 하기 때문에 논은 엄청난 물을 가둬 두는 기능을 해요. 일종의 인공 습지이지요. 습지는 먹이 사슬이 발달해 물새를 비롯한 생물들이 많이 살 수 있어 환경 보존에 아주 중요한 역할을 해요.

2008년 10월, 경상남도 창원에서 열린 제10차 람사르 협약* 당사국 총회에는 전 세계 150여 개국에서 온 2천여 명의 습지 전문가와 환경 운동가, 정부 대표가 모였어요. 이들은 우리나라 논을 둘러보고 감탄했어요. 습지를 별다른 노력 없이 온 나라에 인공으로 만든 것이나 다름없었으니까요. 인공 습지인 논만 보호해도 전 세계 습지 대부분을 보호하는 셈이라는 사실을 깨닫는 순간이었어요.

논의 역할은 이뿐 아니에요. **논에 가둔 물의 일부는 지하로**

람사르 협약

자연 그대로의 생태계를 간직한 습지를 체계적으로 보전하기 위한 국제 조약으로, 정식 명칭은 '물새 서식지로서 특히 국제적으로 중요한 습지에 관한 협약'이다. 줄여서 '습지 협약'이라고도 한다.
농경지 확보를 위해 늪과 갯벌을 메우는 작업이 진행되면서 습지는 점점 사라지고 있다. 습지 보존 및 보호를 위해 1971년, 전 세계 18개국이 이란 람사르에 모여 체결한 이 조약에 우리나라는 101번째로 가입하였으며, 2008년에는 경남 창원에서 제10차 총회를 개최하기도 했다.

스며들어 우리가 식수로 이용할 수 있는 지하수가 돼요. 우리나라 논에서 만들어지는 지하수는 연간 44.3억 톤 정도예요. 이는 소양강댐과 대청댐의 총 저수량을 합친 만큼의 양이자 우리나라에서 1년 동안 쓰는 수돗물의 65퍼센트에 해당하는 막대한 양이랍니다.

비가 많이 내리면, 논은 저수지처럼 물을 가두어 빗물이 직접 하천으로 흘러가는 시간을 늦추고 물의 양을 줄여 줘요. 홍수 피해를 크게 줄여 주는 것이지요. 우리나라에서는 최대 31억 톤의 물을 논에 가둘 수 있는데, 이는 소양강댐과 춘천댐의 총 저수량을 합친 것과 맞먹는 양이래요.

논에 가둬 놓은 물은 여름에 대기 온도를 떨어뜨리는 역할도 하는데, 일본 농림수산성 발표로는 1.3도나 떨어뜨린다고 해요. 그리고 우리나라 농촌진흥청 발표에 따르면 여름철 냉방 비용 절약 효과만 1조 3천억 원이나 된다고 하고요.

이 밖에도 농작물이 광합성을 함으로써 이산화탄소를 줄이고 산소를 내뿜는 공기 정화 효과가 1조1천3백억 원, 쾌적하고 아름다운 경관을 만들어 주는 조경 효과가 7천4백51억 원이나 된답니다.

이처럼 농업은 사람들에게 안전한 먹을거리를 안정적으로 공급하고, 경제의 든든한 버팀목 역할을 함으로써 다른 산업이 발전할 수 있게 해 줘요. 환경 지킴이의 역할도 해 주고요. 이 모든 효과를 돈으로 따지면 해마다 49조 원이나 되지요. 그런데 농사를 짓지 않으면 이 모든 효과도 사라지니 같은 효과를 보는 다른 일을 만들거나 다른 산업에서 그 부분을 메워야 하는데, 절대 쉬운 일이 아니에요. 실패할 가능성도 높고요.

농업이 사라지면 농촌도 사라지겠지요. 만약 농촌이 사라지면 어떤 일이 일어날까요?

사람들은 도시로 이사를 가고, 농촌은 아무도 살지 않는 폐허가 되겠지요. 허물어진 담장과 무너져 가는 건물은 방치되고, 집터는 어느덧 잡초와 키 작은 관목들로 무성해지고요. 벼농사를 짓던 논과 채소를 가꾸던 밭도 잡초와 관목이 우거진 황무지로 바뀔 것입니다. 수십, 수백 년이 흐르면 원시림으로 뒤덮이겠지만, 한동안 황량하고 흉물스러운 모습은 변치 않을 것입니다. 황량하고 흉물스러운 풍경을 일부러 보러 오는 사람은 없을테니 결국 농촌은 사람의 발자취가 끊기게 되겠지요.

농업이 사라지면 사람들은 일거리를 찾아 도시로 이사를 가거나 뿔뿔이 흩어져 농촌은 점점 황폐하게 변해 간다.

또 농촌이 사라지면 주변의 여러 농촌 마을을 이어 주던 작은 도시도 사라질 수밖에 없어요. 읍과 같은 작은 도시 사람들은 주변의 여러 농촌 마을 사람들에게 농사를 짓는 데 필요한 비료, 농약, 농기구, 농기계와 사람들이 살아가는 데 필요한 각종 물건과 서비스를 제공해요. 그리고 농민들이 생산한 농작물을 먹고 살아가지요. 그런데 주변의 여러 농촌 마을이 사라지면 작은 도시도 사라질 수밖에 없어요. 결국 사람들은 물건과 서비스를 생산하는 몇몇 대도시와 그 주변 위성 도시에서만 살아가겠지요.

　이렇게 사람들이 대도시와 그 주변 위성 도시에서만 살게 되면 인구 집중으로 인한 주택 부족, 교통 혼잡, 대기 및 수질 오염 등 삶의 질을 떨어뜨리는 각종 도시 문제가 심각해질 거예요. 몇몇 관광지를 빼고는 갈 데도 없기 때문에 사람들의 여가 생활도 더욱 힘들어질테고요.

파랗게 펼쳐진 여름 논 풍경은 정서적으로 안정을 줄 뿐만 아니라 산소 탱크로도 큰 역할을 한다.

결국 몇몇 대도시와 그 주변 위성 도시, 몇몇 관광지를 뺀 나머지 국토 전체가 황무지로 바뀌는 현상이 일어나지요. 무시무시한 일이 아닐 수 없습니다.

이렇듯 농업과 농촌, 농민은 인류에게 없어서는 안 될 소중한 자산이에요. 농업과 농촌, 농민이 사라지면 인류는 살아남지 못해요. 하지만 사람들은 물이나 공기가 얼마나 소중한지 깨닫지 못하듯이 농업, 농촌, 농민의 소중함을 평소에 잘 느끼지 못하고 있어요.

농업은 모든 산업의 뿌리입니다. 뿐만 아니라 농민이 없다면 아무도 살아남을 수 없어요. 그러니 농민과 농촌, 농업을 지키고 키우기 위한 노력은 반드시 필요합니다.

농업이 우리나라 경제에서 차지하는 비중

국내 총생산에서 농업이 차지하는 비중은 2.3퍼센트 정도로 낮은 편이다. 하지만 농업과 연관된 종자, 비료, 농약, 농기계 같은 농자재 산업과 농산물 유통 및 가공 산업처럼 관련 산업을 모두 넣으면 그 비중이 15~17퍼센트까지 올라간다. 농업이 무너지면 농자재 산업과 농산물 유통 및 가공 산업도 함께 무너지기 때문에 경제에 미치는 영향은 어마어마한 셈이다.

chapter 2

우리 농업이
위기에 빠진 까닭

위기의 농촌, 가난한 농민.
사람은 누구나 풍요롭게
살고 싶어 한다.

위기의 농촌, 가난한 농민

1876년, 우리나라는 일본과 강화도 조약을 맺으면서 나라의 문을 열었어요. 이 조약에 따라 부산, 원산, 인천 세 항구로 일본 상인들이 물밀 듯이 몰려들었지요. 그러고는 공장에서 대량 생산한 영국산 면제품을 팔고 쌀, 콩, 쇠가죽을 일본으로 사 갔어요. 공장에서 생산한 영국산 면제품은 매끄러운 촉감과 새하얀 빛깔로 폭발적인 인기를 끌었지요. 빛을 받으면 옥과 같은 푸른 빛을 띠는 서양 목면 제품이라는 의미로 옥양목이라 불렀어요.

1882년에 우리나라에서 구식 군인들이 임오군란을 일으키자 청나라 군대가 한양으로 쳐들어와 진압했어요. 그 뒤로 청나라 상인들도 우리나라로 몰려들기 시작했지요. 청나라 상인들이 팔고 사 가는 제품은 일본 상인들과 같았어요. 그러다 보니 두 나라 사이의 경쟁은 갈수록 치열해졌지요.

당시 우리 농가의 수입원은 농사가 3분의 2, 무명길쌈이 3분의 1 정도였어요. 그런데 영국산 면제품이 쏟아지다시피 들어오면서 농촌 아낙들이 길쌈한 무명을 찾는 사람이 없어졌어요. 엎친

데 덮친 격으로 정부에서는 세금을 쌀이나 무명 대신 돈으로 받겠다고 선언했고요. 아낙들이 길쌈한 무명은 기껏해야 식구들 옷을 해 입거나 이웃과 물물 교환을 하는 정도일 뿐, 팔리지도 않고 세금으로 내지도 못하는 애물단지가 되고 말았어요.

수입이 갑자기 3분의 1이나 줄어들다 보니 농민들의 생활은 말이 아니었어요. 가을이 되면 세금을 내기 위해 이듬해 먹을 식량까지 모두 내다 팔아야 했지요.

세금을 내고 남은 식량으로 살다 보니, 봄쯤 해서 그 식량이 바닥이 나는 경우가 많았어요. 이때를 보릿고개*라고 하는데, 이 보릿고개가 오면 가난한 농민들은 입에 풀칠이라도 하려고 부자들에게 땅을 담보로 맡기고 보리 몇 말, 조 몇 말을 꾸었어요. 그리고 풀뿌

보릿고개

지난해 거둔 곡식은 떨어지고 햇보리는 아직 여물지 않아 굶기를 밥 먹듯 하던 음력 4~5월을 말한다. 이 시기에 농촌에는 먹을 것이 없어 산에 가서 산나물과 소나무 껍질을 따서 멀겋게 죽으로 끓여 먹었다. 그러다 보리가 익으면 꽁보리밥으로라도 끼니를 때울 수 있었기 때문에 봄철 보리는 매우 중요한 식량이었다.

리와 나무껍질에 꾸어 온 식량 한 줌을 넣고 끓인 멀건 죽 한 사발로 끼니를 때웠어요. 하루에 한 끼, 그렇게라도 먹을 수 있다면 다행이었지요. 굶어 죽는 사람도 많았어요. 늦은 봄이 되어 보리를 수확해야 이 굶주림은 끝이 났어요.

이런 일이 몇 년 동안 되풀이되면서 보리 몇 말, 조 몇 말로 시작된 빚이 눈덩이처럼 불어났어요. 그러다 보니 가난한 농민들은 담보로 맡긴 땅을 부자들에게 빼앗길 수밖에 없었는데, 천석꾼이니 만석꾼이니

하는 어마어마한 땅 부자들이 생겨난 것도 바로 이때예요.

땅을 잃어 소작을 붙여야 하는 농민이 늘자 소작료는 수확량의 70~80퍼센트까지 치솟았어요. 많아야 절반 정도였던 것이 더 늘어난 거예요. 소작료를 견디지 못한 농민들은 고향을 등지고 깊은 산으로 들어가 화전을 일구거나, 부두나 도시로 나가 하루하루 품을 팔거나, 압록강과 두만강을 건너 만주나 연해주로 떠났어요.

조선의 지배권을 놓고 벌인 청일전쟁과 러일전쟁에서 일본이 승리하면서 우리나라는 1910년에 주권을 뺏기고 일본의 식민지가 되었어요.

꾸물대지 말고 빨리빨리 움직여!

일본은 토지 등기부를 새로 만든다는 핑계로 토지 조사 사업을 벌여 어마어마한 땅을 빼앗아서는 이민 온 일본 사람들에게 헐값으로 팔았어요. 덕분에 일본 사람들은 엄청난 땅과 조선인 소작농을 거느린 대농장주가 되었지요.

일본에 빼앗긴 쌀

일본으로 실어 간 쌀은 1910년에 8만 톤에서, 1920년에 26만 톤, 1924년에 68만 톤, 1930년에 77만 톤, 1933년에 125만 톤으로 크게 늘어났다. 수확하는 대로 일본으로 실어 간 탓에 우리나라 사람들이 먹을 쌀이 부족해지자 일본은 만주에서 값싼 조를 대량으로 수입해 대신 풀었다.

나도 쌀밥 한번 먹어 봤으면…….

일본인들의 수탈과 6·25 전쟁으로 인해 국민 대다수를 차지하고 있던 농민들의 생활은 무척이나 가난하고 비참했다.

　쌀 부족에서 헤어나지 못했던 일본은 우리나라를 식량, 그 가운데서도 쌀 공급 기지로 삼으려고 했어요. 우리나라 쌀이 맛도 좋고 값도 쌌기 때문이죠.
　쌀 생산량을 늘리려고 일본 총독부는 곳곳에 저수지를 쌓고 수로를 냈어요. 늪과 갯벌을 간척해 농지도 늘렸고요. 결과적으로 쌀 생산량은 크게 늘었지만, 농민들에게는 그림의 떡일 뿐이었지요. 수확하는 족족 일본으로 실어 갔으니까요.

농민들의 처참한 생활은 1945년에 해방을 맞고도 크게 달라지지 않았어요. 오히려 1950년에 6·25 전쟁이 일어나면서 상황은 더욱 악화되었지요. 1960년대 초반에도 굶어 죽는 사람들이 많았는데, 당시까지도 일제 강점기나 조선 말기와 별 차이가 없을 만큼 가난했기 때문이에요. 이처럼 우리나라 농민은 가난의 굴레에서 좀처럼 벗어나질 못했어요.

경제 개발 정책과 농민

　1961년, 5·16 군사 정변으로 권력을 차지한 박정희 정부는 외국 자본과 기술을 들여와 경제 개발에 나섰어요. 이에 따라 곳곳에 수많은 공장이 들어섰지요.

　공장에서는 국제 시장을 겨냥한 상품들을 쏟아 냈어요. 부피에 비해 무게가 덜 나가는 가발과 의류, 신발, 가방 같은 경공업 제품이 대부분이었지요. 값은 싸고 품질은 좋다 보니 이 제품들은 날개 달린 듯 팔려 나갔어요. 이를 발판으로 정부는 1970년대 이후 철강, 조선, 자동차, 석유 화학, 반도체처럼 부가가치가 높은 중화학 공업에 집중 투자해 큰 성과를 거두었지요.

　이후 우리나라는 해마다 수출이 40퍼센트 이상, 경제 규모가 10퍼센트 이상 빠르게 성장했는데, 이를 두고 국제 사회에서는 독일이 일구어 낸 '라인 강의 기적'에 빗대어 '한강의 기적'이라며 놀라워했어요. 한강의 기적을 계기로 우리나라 경제는 다른 나라에서 원료를 들여와 가공한 다음 다시 수출하는 방식으로 바뀌었어요. 이른바 수출 주도형 경제가 되었죠.

수출 주도형 경제가 탈 없이 굴러가려면 수출 제품이 다른 나라 소비자의 까다로운 요구를 만족할 만큼 값도 싸고 품질도 좋아야 해요. 그러려면 제품 개발과 더불어 제작비를 줄여야 하지요.

당장 제작비를 줄이기 위해서는 근로자의 임금을 깎는 것이 가장 좋아요. 다른 데서 사 와야 하는 것들은 내 마음대로 가격을 조정할 수 없지만, 내 공장에 있는 사람들의 임금은 조정할 여지가 있으니까요. 물론, 그렇다고 해서 한 사람이 먹고 살지도 못할 만큼 적게 줄 수는 없어요. 최소한의 인간다운 생활은 보장해 주어야 하지요. 적어도 노동자와 그 가족이 제대로 된 집에서 제대로 된 옷을 입고 하루 세 끼 배부르게 먹고살 만큼은 주어야겠지요. 자식들이 더 나은 삶을 살 수 있도록 교육시킬 만큼의 돈도 필요할 거고요.

그렇다면 임금을 줄일 수 있는 방법은 무엇이 있을까요? 바로 생활필수품 값을 떨어뜨리는 것이에요. 생활필수품 값이 내려가면 적게 벌어도 삶의 질을 떨어뜨리지 않고도 살 수 있으니까요. 그래서 당시 정부는 생활필수품 값을 내리려고 무진장 애를 썼어요.* 특히 식료품 값을 줄이려고 했지요. **식료품 값을 줄이는 가장 간단한 방법은 농산물 값을 오르지 못하게 막거나 값을 떨어뜨리는 것이에요.** 정부는 노동자들이 값싼 임금을 계속 받게 하려고 농산물 값을 떨어뜨리기 위해 고심을 거듭했어요.

혼식·분식 먹기 운동

쌀이 모자라던 1970년대 초반까지 정부는 혼식과 분식을 장려하다 못해 학교에서 학생들 도시락까지 일일이 검사하며 어떻게 해서든 쌀 소비를 줄이려고 애썼다.

농산물은 가격 탄력성이 거의 없는 상품이에요. 값이 올랐다고 당장 생산량을 늘리고, 값이 내렸다고 바로 줄일 수 없거든요.

가격 탄력성이 낮다는 특징을 이용하면 농산물 값을 떨어뜨리기는 쉬운 일이에요. 작황이 안 좋으면 부족한 양 이상을 다른 나라에서 값싸게 수입하면 되거든요. 국내 생산량은 줄어들었는데 값이 떨어지는 이상한 상황이 벌어지는 것이지요. 생산량이 줄었으면 값이라도 올라야 농민들이 수지를 맞출 텐데 오히려 큰 손해를 입게 되니 농민들 가슴은 타 들어가겠지요.

반대로 작황이 좋아 생산량이 늘어날 것이 예상이 될 때 나라에서 가만히만 있으면 농산물 값은 바닥까지 떨어져요. 농산물 값이 싸니 식료품 값도 줄어들고, 임금을 올려 달라는 요구도 줄어들게 되지요.

하지만, 1960~1970년대는 냉장 또는 냉동 창고를 갖춘 배*가 그리 많지 않았어요. 채소와 과일 값이 오르더라도 다른 나라에서 수입해 오기가 쉽지 않았지요. 물론 우리나라 외화 보유 상태도 좋지 않았고요. 이런 상황에서 큰돈 들여 오랜 시간 힘들게 가져왔으니, 일단 수입해 온 것들은 비싸게 팔아야 수지가 맞았어요.

그러니 농산물 가격을 떨어뜨리는 여러 가지 방법 중 가장 쉽고, 확실한 방법은 주식인 쌀 생산을 늘리는 것이었지요.

그림의 떡이었던 바나나

지금은 싸고 흔한 과일이 되었지만, 냉장 또는 냉동 창고를 갖춘 배가 그리 많지 않던 1970년대 바나나 같은 수입 과일은 일반 서민은 엄두도 내기 힘들 만큼 비쌌다.

통일벼와 녹색혁명

1960년대 초반까지 우리나라에서는 조선 말이나 일제 강점기와 별반 다르지 않은 방식으로 농사를 지었어요. 볏짚이나 건초, 낙엽에 가축이나 사람의 똥을 뿌려 켜켜이 쌓아 삭혀 만든 퇴비를 뿌렸고, 농약도 치지 않았어요. 요즘으로 치면 그야말로 친환경 유기농 농산물이었지요.

하지만 쌀과 보리, 조, 콩 같은 곡물은 생산량이 소비량보다 언제나 적었어요. 빠르게 늘어나는 인구는 식량 사정을 더욱 악화시켰지요. 그러다 1970년대 들어 정부가 중화학 공업에 집중 투자하면서 석유 화학 공업이 발달하기 시작했어요. 석유 화학 제품이 쏟아져 나오면서 화학비료와 농약 생산도 크게 늘었지요. 정부에서는 농업협동조합을 통해 전국 농가에 화학비료와 농약을 외상으로 나눠 주었어요.

화학비료와 농약을 쓰면서 쌀과 보리, 조, 콩 같은 곡물 생산량은 크게 늘어났어요. 작물이 자라면서 줄어드는 땅의 영양분을 화학비료가 빠르게 보충해 주어 땅의 힘이 떨어져 수확량이 줄어드는 사태가 많이 사라졌거든요. 거기에 초강력 농약이 병충해 때문에 생기는 손실을 크게 줄여 더 많은 곡물을 생산할 수 있었어요.

하지만 농민들 입장에서는 수확이 느는 것이 여러 모로 그저 좋은 일만은 아니었어요. 비료 값이다, 농약 값이다 해서 들어가는 돈이 많았으니까요.

그러나 문제는 또 있었어요. 화학비료와 농약 덕분에 곡물 생산량은 늘었지만, 여전히 충분하지 않았어요. 곡물 생산이 늘어나는 속도보다 인구가 늘어나는 속도가 훨씬 빨랐거든요. 여전히 우리나라는 식량 부족에 허덕였어요.

화학비료와 농약 사용으로 곡물 생산량은 크게 늘었지만, 농약에 들어 있는 각종 해로운 물질들이 땅을 산성화시키고, 인체에 좋지 않은 영향을 미치는 등 문제점이 많다.

한편, 1967년에 아랍 여러 나라들은 이스라엘과 전면전을 벌여 크게 패배했어요. 패배의 원인이 미국과 유럽 여러 나라들이 이스라엘 편을 들었기 때문이라고 본 아랍 여러 나라들은 미국과 유럽 여러 나라들이 이스라엘 편을 드는 한 이스라엘과 다시 맞붙어도 이길 수 없다고 생각했어요.

아랍 여러 나라들은 미국과 유럽 여러 나라들을 이스라엘에서 떼어 내기 위해 서로 손을 잡고 석유 값을 크게 올렸어요. 1973년에 있었던 제1차 석유 파동이었지요. 그러자 금, 은, 구리, 알루미늄 같은 광물 값도 덩달아 뛰었어요. 지하자원을 가진 나라들이 값을 올렸거든요. 바야흐로 자원을 가진 나라들이 자원을 무기로 삼는 시대가 온 거예요. 식량도 자원이니 식량도 무기로 삼아 전쟁을 일으키는 나라가 생길지도 모른다는 근심도 깊어 갔어요. 전 세계는 바짝 긴장했지요. 언제나 식량 부족에 시달리는 우리나라는 그 긴장감이 더욱 심했고요.

우리 정부는 1960년대 말부터 석유 무기화, 자원 무기화, 식량 무기화 시대를 미리 내다보고, 농작물 생산을 늘리기로 마음먹고 있었어요. 없는 석유와 광물을 만들어 내는 건 불가능한 일이지만, 농작물 생산을 늘리는 것은 그래도 가능한 일이었으니까요.

그래서 1960년대 말부터 농촌진흥청 연구원들을 필리핀 국제 벼 연구소로 보내 품종 개량 기술을 배워 오게 했어요. 당시 국제 벼 연구소의 비첼 박사와 연구진은 IR 8이라는 신품종을 개발했는데, 수확량을 크게 늘릴 수 있어 '기적의 쌀'이라고 불릴 정도였지요. 보통 벼는 이삭 하나에 낟알이 80~90알 정도 영그는데, IR 8은 무려

120~300알이나 영글었어요. 낟알 크기와 무게가 똑같다고 보면 생산량이 무려 33~275퍼센트나 늘어나는 셈이니 그야말로 '기적의 쌀'이었지요. 농촌진흥청은 IR 8을 들여와 우리나라 풍토에 맞게 개량한 다음 IR 667-98-1-2라는 이름을 붙였어요. 이름이 너무 복잡하지요? 그래서 쉽게 부르려고 붙인 별명이 '통일벼'랍니다.

정부에서는 1971년부터 통일벼를 농가에 보급하기 시작했어요. 하지만 농민들은 '통일벼'를 심으려고 하지 않았어요. 그저 정부 말만 믿고 종자를 바꿔 심었다가 농사를 망치면, 설사 정부에서 보상을 해 준다 해도 아주 조금밖에 안 해 줄 것이고, 결국 손해는 자기들이 고스란히 짊어져야 할 테니 당연한 반응이었지요.

통일벼 보급이 예상보다 더디게 진행되자 정부에서는 면사무소와 농촌진흥청 공무원들을 논으로 내보내 통일벼를 심도록 농민들을 설득했어요. 이렇게 해서 통일벼는 우리나라 논에 심어졌고, 엄청난 쌀 증산을 이루었어요. 마침내 만성적인 쌀 부족에서 벗어나 쌀 자급에 성공한 것이지요.

이렇게 우리나라가 품종 개량한 통일벼로 쌀 자급에 성공할 무렵, 아시아와 아메리카 여러 나라들도 세계 3대 식량 작물인 벼, 밀, 옥수수의 품종 개량에 성공했어요. 이는 엄청난 곡물 증산으로 이어졌지요. 이렇게 품종을 개량해서 식량 증산에 성공한 것을 일컬어 '녹색혁명'이라고 한답니다. 녹색혁명은 우리나라만이 아니라 전 세계에서 동시에 이루어진 그야말로 역사적인 사건이지요.

통일벼로 쌀 자급을 이루자 우리 농민들은 태평성대가 왔다며 만

세를 불렀어요. 하지만 얼마 뒤 농민들은 이 녹색혁명이 농업과 자신들을 위기로 내몰았다는 사실을 깨닫게 되었어요.

식량 증산이 어떻게 농업과 농민을 위기로 내몰았는지 지금부터 차근차근 살펴보기로 해요.

통일벼 보급률과 식량 자급

통일벼 보급률은 1972년에 16퍼센트, 1977년에는 55퍼센트, 1978년에는 76퍼센트로 늘었다. 쌀 생산량도 1971년에 399만 톤, 1974년에는 444만 톤, 1977년에는 600만 톤으로 크게 늘어났다. 통일벼는 1만 제곱미터(1헥타르)당 4.94톤을 수확할 수 있어 당시 벼 품종 중 세계 최고 기록을 세울 정도였다. 마침내 1976년, 정부는 주곡인 쌀 자급을 이루었다고 선포했다.

농민들은 왜 통일벼를 심기 싫어했을까?

　통일벼는 필리핀 국제 벼 연구소에서 개발한 종자 IR 8을 개량해 만들었다. 필리핀은 동남아시아에 속한 나라이기 때문에 IR 8도 동남아시아에서 주로 심는 벼 품종의 특성을 띠고 있었다.

　남부아시아와 동남아시아에서 주로 심는 벼 품종을 인디카 종이라 하고, 우리나라와 일본에서 주로 심는 벼 품종을 자포니카 종이라고 한다. 인디카 종은 낟알이 가늘고 길쭉하면서 찰기가 없고 키가 작아 태풍에도 잘 쓰러지지 않는다. 반면, 자포니카 종은 낟알이 통통하고 짧지만 찰기가 있는 게 특징이다. 그렇지만 키가 커서 바람에 잘 쓰러진다.

　통일벼는 필리핀에서 개발한 것이라 인디카 종의 특성을 그대로 가지고 있었다. 그러다 보니 통일벼는 갓 지은 밥도 푸석푸석하고 찰기가 없었다. 그러니 갓 지었을 때 기름이 자르르 흐르고 적당한 찰기로 약간 쫀득쫀득한 쌀을 좋아하는 우리나라 사람들 입맛에 맞을 리가 없었다. 당연히 통일벼로 수확한 쌀은 잘 팔리지 않았다.

　아무리 수확이 크게 늘어 풍년이 들어도 도통 팔리지 않으니 농민들의 얼굴에는 근심이 가득했다. 추수 때가 되면 통일벼는 홍수처럼 쏟아져 나왔지만, 쌀장수들은 거들떠보지도 않았다. 산지 쌀값은 폭락했고, 피해는 고스란히 농민들에게 돌아갔다. 결국 정부가 나서서 통일벼를 몽땅 사들였다. 정부에서 통일벼를 심도록 장려했으니 당연했다.

이때부터 시중에 유통되는 쌀은 정부미와 일반미로 나뉘었다. 정부에서 시장에 내다 파는 정부미는 통일벼가 대부분이라 잘 팔리지 않아 값을 내려 헐값으로라도 팔아야 했다. 하지만 밥맛 좋은 재래종 벼는 쌀장수들이 앞다투어 사들이면서 값이 크게 올랐다. 쌀장수들이 사들여 시장에 내다 파는 쌀을 일반미라 불렀는데, 정부미보다 훨씬 비싼 데도 불티나게 팔렸다.

결국 정부의 독려에 따라 통일벼를 심은 농민들은 큰 손해를 보았고, 정부 시책을 어기고 재래종 벼를 심은 농민들은 큰 이익을 본 셈이다. 통일벼는 우리나라의 쌀 수확량을 크게 늘렸지만, 정부 정책을 믿지 못하는 농민들도 크게 늘리는 부작용을 낳았다.

농민들이 통일벼를 싫어하는 이유는 한 가지가 더 있었다. 당시 농민들은 겨울에 짚을 엮어 새끼줄을 꼬거나, 쌀을 담는 부대인 가마니를 짰다. 새끼줄과 가마니는 비싼 값에 팔려 농가 부업으로 인기가 높았는데, 통일벼는 키가 작아 그것마저도 할 수 없었다. 시장에서도 환영 받지 못하고, 농가 부업 소득도 못 올릴 판이니 농민들은 더욱 통일벼를 싫어했다.

쌀 소비를 장려하는 정부

쌀 자급이 이루어지면서 정부는 여태까지와는 전혀 다른 고민에 빠지게 됩니다. 1970년대 중반부터 쌀이 남아돌게 되었거든요. 몇 년 동안 풍년이 계속 들어 정부와 농업협동조합 창고에 어마어마한 쌀이 쌓였던 겁니다.

정부는 쌀 소비를 늘리는 데 앞장서야 했지요. 쌀을 보관하는 데만도 엄청난 돈이 들어갔으니까요. 창고에는 수확한 지 4~5년 지난 묵은 쌀이 썩어 가고 있었어요. 이 묵은 쌀을 소비하기 위해 정부는 두 가지 방법을 시도합니다.

하나는 전국에 있는 많은 군대에 그 쌀을 보급하는 것이었어요. 군인에게는 선택의 여지가 없으니 군인들은 그 쌀로 만든 밥을 먹어야 했고, 어쨌든 덕분에 창고에 있던 쌀은 줄어들었지요.

또 하나는 쌀로 술을 만들라고 장려하는 것이었어요. 1970년대 초반까지 쌀을 발효시켜 술을 만드는 행위는 법으로 금지되어 있었어요. 쌀이 부족했으니까요. 그 결과 쌀을 발효시키는 방법으로 만들었던 수많은 전통주가 흔적도 없이 사라졌어요. 그러던 것이 정부의 정책 변화로 쌀로 만든 쌀 막걸리가 쏟아져 나오게 된 거예요. 쌀을 원료로 한 전통주를 되살리려는 노력도 다시 시작되었고요. 더불어 떡을 현대화하고, 쌀로 국수를 만드는 아이디어도 주목받았지요.

새마을운동

1970년대 초반, 정부는 근면, 자조, 협동의 정신으로 농촌을 근대화해 농민들의 생활수준을 크게 향상시키자며 새마을운동을 벌였다. 정부는 농업협동조합을 통해 시멘트, 슬레이트를 농민들에게 나누어 주었고, 농민들은 마을 길을 시멘트로 포장하고, 초가지붕을 슬레이트 지붕으로 바꾸었다. 새마을운동으로 기와집과 초가집으로 대표되던 전통 농촌 마을 풍경은 사라지고 말았다. 농촌에 전기와 라디오, 텔레비전이 들어온 것도 이때다.

또 정부는 농업협동조합을 통해 화학비료와 농약, 경운기 등 농기계도 보급했다. 그럼으로써 영농 방법도 퇴비를 주던 전통 방식에서 화학비료와 농약을 쓰는 근대적 방식으로 바뀌었다.

생산비에도 못 미치는 쌀값

 화학비료와 농약을 써서 농사를 짓기 시작하면서부터 쌀 수확량은 크게 늘었어요. 하지만 뜻밖의 부작용이 나타났어요.

통일벼를 비롯한 다수확 신품종 쌀은 땅의 영양분을 워낙 많이 빼앗아서, 화학비료를 엄청나게 뿌리지 않으면 수확량이 형편없이 떨어졌어요. 게다가 농약을 치기 시작하면서 해충을 잡아먹는 천적들도 함께 죽어 버려 병충해를 막으려면 갈수록 농약을 더 많이 쳐야 했어요. 심지어 어떤 농약에도 죽지 않는 슈퍼 병충해가 생기면서 더 독한 농약을 개발할 수밖에 없었고, 새로 나온 농약을 사려면 비싼 값을 치러야 했지요. 이처럼 **화학비료와 농약이 농사 필수품이 되면서 생산비는 갈수록 늘었어요.**

하지만 1년 내내 애써 기른 쌀값은 풍년이 들면 오히려 값이 떨

줄어드는 농민

농가 인구는 1970년에 전체 인구 3천88만 명 가운데 1천4백44만 명을 정점으로 해서 1980년에는 3천7백43만 명 가운데 1천3백24만 명, 2004년에는 4천8백8만 명 가운데 342만 명으로 쪼그라들고 말았다.

어졌어요. 수요보다 공급이 많으니까요. 이처럼 농업은 수지를 맞추기가 무척 어려워요. 그러다 보니 농업을 포기하고 도시로 이주하는 농민들도 해마다 늘고 있는 상황이랍니다.

인류를 굶주림에서 해방시킨 고마운 녹색혁명이 이제는 농업과 농촌, 농민을 위기로 몰아넣고 있는 셈이지요.

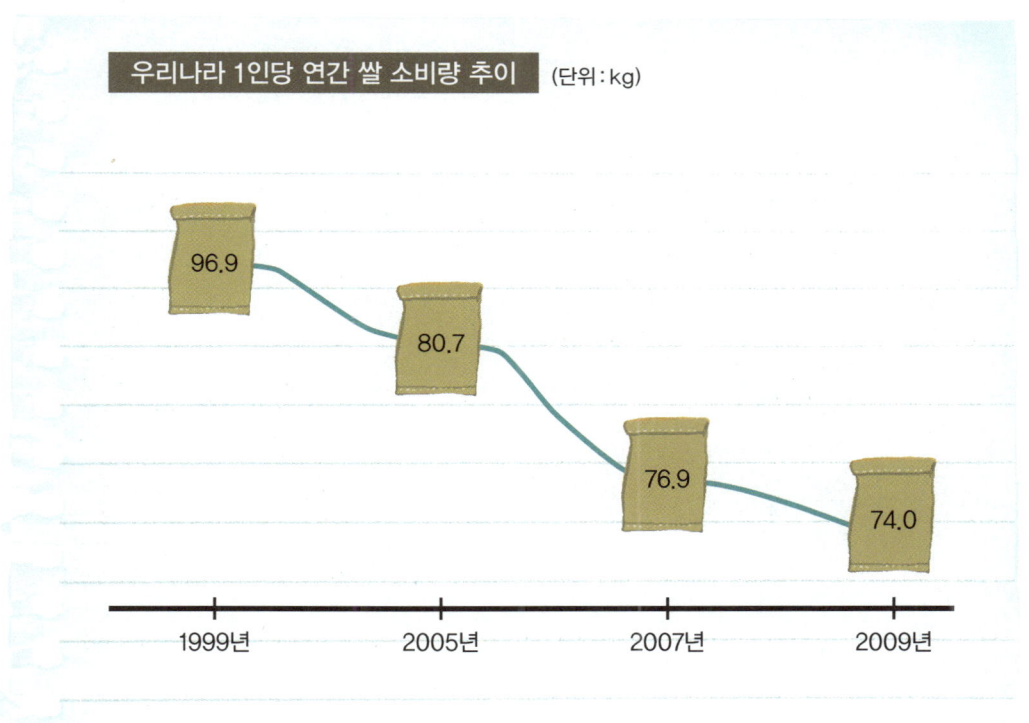

통계청의 자료를 보면, 1인당 쌀 소비량은 1999년 96.9킬로그램에서 2009년에는 74.0킬로그램으로 10년 사이에 22.9킬로그램, 24퍼센트 줄었다.
우리나라 사람들의 식생활이 서구화되어 육류와 밀가루 음식 섭취가 늘면서, 쌀 소비는 현저히 줄고 있다. 쌀값이 떨어지는 데 일조하는 현상이다.

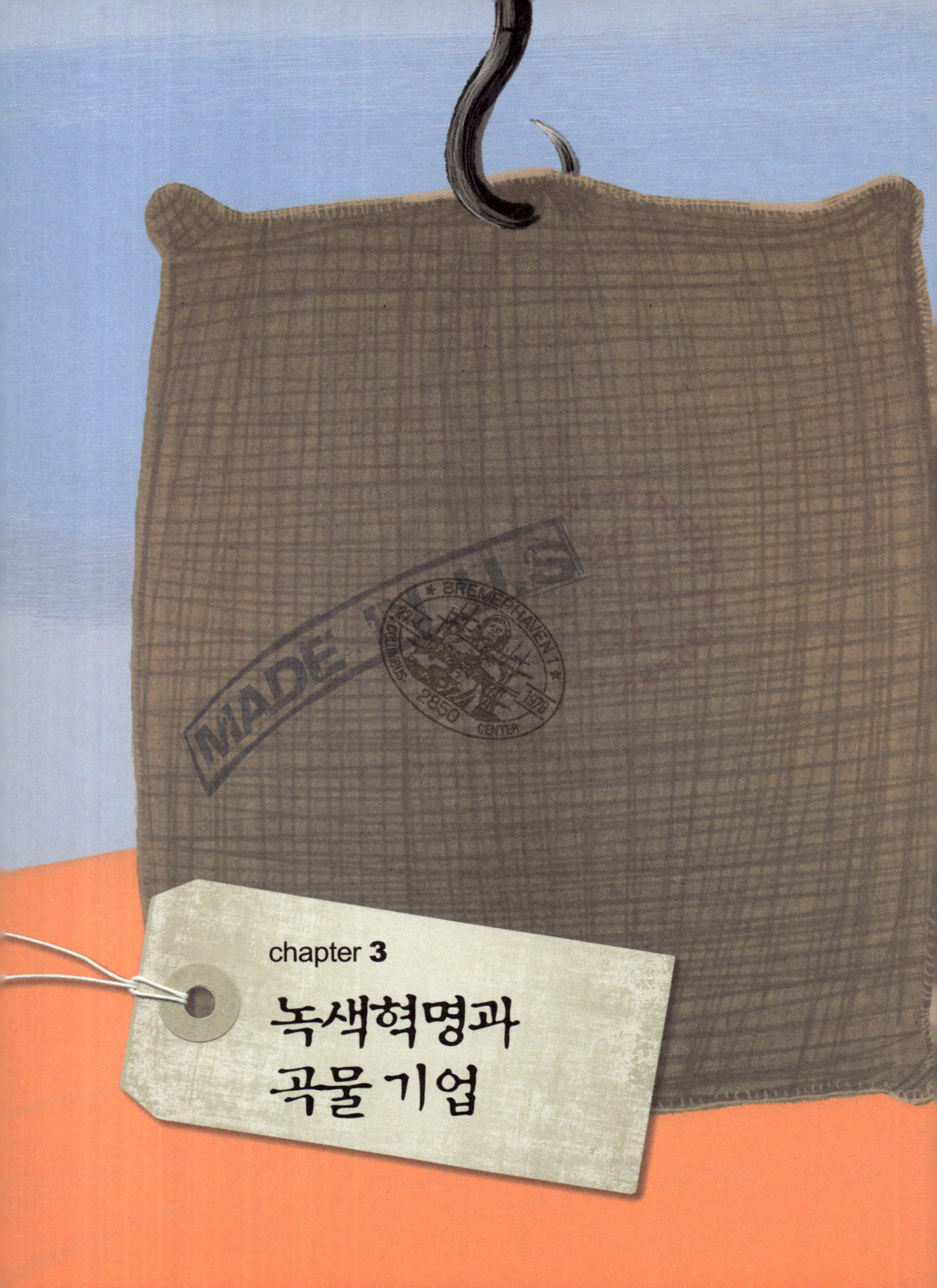

chapter 3
녹색혁명과 곡물 기업

농업 생산량이 늘수록
농민들의 시름은 깊어만 간다.

식량 생산과 재고

앞에서 이야기했듯이 곡물은 가격 탄력성이 낮아요. 이 말은 생산량이 조금만 줄어들어도 값이 크게 오른다는 뜻이에요. 반대로, 생산량이 조금만 늘어도 값이 어마어마하게 내린다는 거고요.

1977년, 우리나라의 쌀 생산량은 1971년보다 두 배나 늘어났어요. 단 6년 동안 무려 두 배나 늘어난 것은 엄청난 속도예요. 그런데 이런 일이 세계 여러 나라에서 한꺼번에 일어났다고 생각해 보세요. 곡물값은 어떻게 될까요? 금값일까요, 똥값일까요?

맞습니다. 1960~1970년대에 전 세계를 휩쓴 녹색혁명으로 곡물 생산이 두 배 가까이 늘면서 국제 곡물 시세는 큰 폭으로 떨어졌어요. 생각지도 못했던 일들이 여기저기에서 벌어지기 시작했지요.

농작물이 남아돌면 멀쩡한 것을 버릴 수는 없으니 창고에 보관하는데, 이 비용이 만만치 않아요. 그런데 기상 이변이 없는 한 이듬해에도 생산량은 더욱 늘어날 테니, 보관비는 계속해서 상승하겠지요. 값이 오를 때 팔아서 보관비도 건지고 이익도 더 많이 보겠다는 생각에서 사람들은 창고에 보관합니다. 그런데 곡물 값이 오를 조짐이 아예 없는 거예요. 창고에 보관할 이유가 없지요.

생산비를 조금이라도 건지려면 헐값에라도 수확한 작물들을 시장에 내놓아야 했어요. 시장에 엄청난 물량이 한꺼번에 쏟아지자 값은 더욱 떨어졌지요. 수요가 일정한 농작물의 경우, 공급이 이렇게 급격하게 늘어나면 정부가 손을 써야 해요. 정부는 남아도는 농작물을 사들여 시장에 나오는 물량을 줄이려고 했어요. 그렇게 해서라도 값을 어느 정도 선에서 지켜 주어야 농민이 큰 손해를 보지 않을 테니까요.

정부에서 해마다 식량을 사들이는 것도 문제지만, 그 많은 물량을 창고에 보관하는 일도 큰일이었어요. 재고량이 늘어나는 만큼 새로 창고도 만들어야 하니 이래저래 세금이 엄청 들어갔지요. 창고에 보관하는 방법 말고는 수출이나 원조 같은 방법이 있는데, 그것도 한계가 있어요. 너도나도 풍년이고 농작물이 남아돈다면 남의 나라에서 사 올 필요도 없고, 받을 이유도 없으니까요.

녹색혁명으로 식량 증산에 힘쓴 지 10년 만에 이제 세계 여러 나라는 너나없이 식량 생산을 줄이려고 애쓰게 되었어요. 상황이 완전히 반대가 된 거예요. 그러자 어느 나라 할 것 없이 농업에 쏟는 관심이며 농업 투자는 큰 폭으로 줄었어요.

각국 정부는 공업화를 통해 농민들을 공업으로 흡수하려고 했지요. 공업이 당장엔 더 많은 이익을 가져다 주었으니까요. 이에 따라 수많은 농민들이 농업을 포기하고 도시로 나가 공장에 취직하거나 장사에 뛰어들었어요.

농민이 줄어드는 만큼 농촌에 남아 있는 농민 한 사람이 농사짓는 땅은 늘어났어요. 부족한 노동력을 메우려면 값비싼 농기계가 필요했지요. 결국 계속 농사를 지으려면 화학비료와 농약, 농기계를 더 많이 써야 하는 시대가 온 거예요. 그렇지만 농민이 줄어들면서 나라 전체의 생산량은 조금씩 줄어들었어요.

한편, 식량 재고를 줄이려는 노력도 꾸준히 계속되었어요. 그 노력의 하나로 풀 대신 곡물을 먹여 가축을 기르는 목축 방식이 1980년대 이후 인기를 끌었어요. 이른바 곡물로 만든 배합 사료를 먹여 돼지, 닭, 소, 양, 오리 따위를 기르는 것인데, 풀만 먹일 때보다 성장 속도가 훨씬 빠르고 고기 맛도 좋은 데다 남아도는 농작물을 해결할 수도 있어 전 세계적으로 빠르게 퍼져 나갔어요. 옥수수가 주재료였지요.

> 배합 사료는, 쌀겨나 기름을 짜고 난 콩 찌꺼기 따위를 옥수수 알곡에 섞어 가루로 만든 거야.

우리나라는 1970년대부터 고기 소비가 눈에 띄게 늘었어요. 그전에는 설날, 추석, 제사, 생일에만 고기를 맛볼 수 있었는데, 돼지고기 삼겹살을 구워 기름소금장에 찍어 먹거나 돼지갈비를 양념해 구워 먹는 문화가 등장한 거예요.

아무 양념도 하지 않고 구워 먹는 쇠고기가 사람들 입맛을 사로잡은 건 1980년대 초반이에요. 양념 없이 구워 먹으면 짭짤하게 반찬으로 만들어 먹을 때보다 몇 배는 더 많이 고기를 먹을 수 있어요. 그러니

고기 소비도 그만큼 늘겠지요. 고기 소비가 늘면 가축 사육도 늘고, 가축들이 먹는 사료용 곡물 양도 늡니다. 식량 재고는 그만큼 줄어들 테고요.

그런데 식량 생산을 늘리면서 식량 재고를 줄이는 방법도 있어요. 자기 나라에서 생산한 식량을 다른 나라에 수출하거나 원조하는 겁니다. 돈을 받고 수출하면 돈이 들어와 이익이고, 돈을 받지 않고 원조하면 재고도 줄이고 마음도 뿌듯해지니 좋겠지요?

뿐만이 아닙니다. 원조로 받는 식량은 공짜니까 받은 나라에서는 굳이 그 작물을 안 심어요. 원조가 끝난 뒤에 그 나라 상황이 좋아지면 곡물을 받은 나라에 돈을 받고 팔 수 있는 기회가 생기니 도랑 치고 가재 잡는 셈이지요.

워낙 이익이 크다 보니 미국이나 오스트레일리아, 뉴질랜드, 아르헨티나같이 식량을 많이 생산하는 나라들은 남아도는 식량을 줄이는 방법을 해외 수출에서 돌파구를 찾으려고 했답니다.

생각발전소

미국산 원조 밀가루에 밀려 사라진 우리 밀

1950년대 초반까지는 우리나라도 남부 지방을 중심으로 늦봄부터 가을까지는 벼, 가을부터 늦봄까지는 보리, 쌀보리, 밀을 많이 심었다. 하지만 6·25 전쟁을 거치면서 미국이 우리나라를 원조하면서 특히 밀가루를 엄청나게 풀었다. 덕분에 굶주림을 해결하는 데에는 큰 도움이 되었지만, 우리 밀은 미국산 공짜 밀가루에 밀려 아예 사라지고 말았다.

그러다 농촌에서 우리 밀을 다시 심은 때는 1989년부터이다. 농약과 방부제로 범벅이 된 수입 밀 대신에 우리 밀을 길러 안전한 먹을거리를 제공하는 한편, 어려운 농가 경제에도 보탬이 되고자 경상남도 고성군 두호마을에서 처음 밀 농사를 시작해 2년 뒤인 1991년에는 우리 밀 살리기 운동 본부가 만들어졌다.

밀은 몸 속에서 면역 체계를 활성화시키고, 노화의 주범으로 알려진 활성산소를 제거하는 항산화 기능을 하는데, 최근 우리 밀이 이 같은 효능 면에서 수입 밀보다 뛰어나다는 연구 결과들이 나왔다.

그러나 아무리 몸에 좋다 해도 수입 밀보다 최고 다섯 배나 비싼 우리 밀을 쉽게 사 먹을 수 있는 사람은 많지 않았다. 다행히 2008년 들어 국제 밀 시세와 환율이 동시에 크게 오르면서 우리 밀과 수입 밀의 가격 차이는 1.5배로 줄었고, 우리 밀을 재배하는 농가도 크게 늘어났다.

2009년 현재, 밀 총 소비량 330만 톤의 0.8퍼센트인 2만1천6백 톤을 우리 밀이 차지하고 있다. 2017년쯤에는 10퍼센트인 33만 톤으로 늘어나리라고 예상하고 있다.

휴대전화와 맞바꾼 식량

식량 수출국들은 식량을 더 많이 내다 팔려고 갖은 애를 썼어요. 재고를 걱정해 식량 생산을 줄이지 않아도 되는 건 물론이고, 생산량이 많을수록 수출도 더 많이 할 수 있으니까 더 큰 이익을 볼 수 있었지요.

하지만 식량을 수출하기가 쉬운 일은 아니었어요. 다른 나라들도 농업 생산 능력이 좋아져 식량 생산이 늘었거든요. 농업이 소중하고 농민이 중요한 만큼 농업과 농민을 보호하는 데 갖은 힘을 기울이기는 모두 마찬가지였어요.

식량을 많이 생산하는 힘센 나라들은, 자기네는 땅도 넓고 기후도 좋으며 모든 시설이 잘 갖춰져 있어서 질 좋은 농산물을 생산하니 괜히 힘들여 농사짓지 말고 싼값에 자기네 농산물을 수입하라고 해요. 그러고는 은근슬쩍 압력을 넣기 시작하지요. 자기네 말을 듣지 않으면 상대 나라에서 만든 배와 자동차, 철강, 옷, 휴대전화를 사지 않겠다고요.

그러자 기업들이 아우성을 칩니다. 수출길이 막히면 다 죽는다고

휴대전화, 자동차를 수출하려면 농산물 시장을 개방하라는 농산물 수출국의 압력에 굴복해 많은 나라들이 농산물과 식량 시장을 개방해야 했다.

요. 가난한 서민들도 한마디 거듭니다. 조금이라도 싼 농산물을 당장 수입하라고 말이지요.

이에 정부는 못 이기는 척 농산물 수출국들의 압력에 굴복하지요.

이렇게 힘센 식량 수출국들이 넣는 압력에 세계 여러 나라 정부들이 하나둘 넘어갔어요. 많은 나라들이 농산물과 식량 시장을 열었지요. 심지어 몇몇 나라는 식량 생산이 농민들에게 아무 도움이 안 된다며 열대 과일이나 기름야자로 작물을 바꾸라고 장려했어요. 작물을 바꾸면 갖가지 세금을 면제해 주고 무이자로 돈도 빌려 주었지요. 작물을 바꾸는 데 드는 돈을 몽땅 정부에서 부담하는 경우도 있었답니다.

1981년에 있었던 일입니다. 1977년에 우리나라는 남아도는 쌀로 골치를 썩고 있었어요. 하지만 3년 뒤인 1980년에는 기상 이변으로 기온이 크게 떨어지는 냉해가 발생해 흉년이 든 거예요. 그래서 쌀 생산량이 555만 톤밖에 안 됐어요. 그리고 1981년에는 506만 톤, 1982년에는 517만 톤을 기록했어요. 1977년의 600만 톤에 비해서는 100만 톤이 줄었고, 1979년에 비해서는 50만 톤이 줄었지요. 두 해 연속 50

만 톤씩 줄어든 거예요. 남아도는 쌀을 정부에서 수매해 창고에 보관하던 양, 즉 정부미 재고량도 간당간당할 지경이었지요.

이렇게 되자 쌀값은 하늘 높은 줄 모르고 올랐고, 쌀을 사려는 사람들로 쌀가게가 북적였어요. 정부의 무능을 탓하는 원성이 하늘을 찔렀고요. 정부에서는 부랴부랴 다른 나라에서 쌀 50만 톤을 수입하기로 결정했어요. 당시 동남아시아산 인디카 종 쌀의 국제 시세는 톤당 200달러를 밑돌았어요.

물건을 많이 사면 보통 값을 깎아 주잖아요. 당시 정부에서도 50만 톤이나 사니까 깎아서 톤당 170달러면 적당하다고 생각했어요. 그래도 8천5백만 달러나 되는 거액이었지만요. 1982년 당시 우리나라 국내 총생산이 762억 달러였으니 0.1퍼센트가 넘는 규모였지요.

하지만 웬걸요? 동남아시아산 인디카 종 쌀을 사고 팔던 미국계 곡물 회사 코넬에서는 우리나라의 제안을 듣고 콧방귀를 뀌었어요. 그 값으로는 턱도 없으니 다른 데 가서 알아보라고요.

그러자 쌀의 국제 시세는 그야말로 하늘 높은 줄 모르고 뛰기 시작했어요. 한국에서 50만 톤을 사들이려고 한다는 소문이 좍 돈 거예요. 식량은 조금만 모자라도 값이 엄청나게 뛰어올라요. 예를 들어 신발 같은 건 좀 떨어져도 그냥 신을 수 있지만, 끼니는 하루만 건너뛰어도 힘들잖아요. 힘이 없으니 아무 일도 할 수 없고요. 그러니 식량이나 농산물이 부족해지면 아주 급하게 구해야 해요. 물건을 파는 사람은 급하지 않은데, 물건이 필요한 사람은 한시라도 빨리 사야 하는 상황이니 파는 쪽에서는 비싸게 팔려고 하고, 사는 쪽에서는 비싸더라도 살 수밖에 없어요.

그런데 우리 정부에서는 이런 점을 미처 고려하지 못하고 50만 톤을 수입하겠다고 덜컥 나선 거예요. 곡물 회사로서는 봉을 잡은 셈이었지요.

결국 정부는 코넬에서 쌀 50만 톤을 톤당 550달러에 들여오기로 계약을 맺어야 했어요. 정부에서 예상한 8천5백만 달러보다 세 배 이상인 2억7천5백만 달러나 주고서요. 국내 총생산의 0.36퍼센트나 되는 거액이었지요.

그것으로 끝이 아니었어요. 우리나라의 벼농사 사정과 상관없이 이후 5년 동안 쌀을 수입해야 했어요. 그게 거래 조건이었거든요. 코넬은 1982년에는 동남아시아산 쌀을 모아서 한국으로 보냈어요. 이듬해인 1983년부터 1987년까지는 미국 캘리포니아에서 재배한 쌀을 보냈고요. 이 미국산 쌀은 정부미로 둔갑해 우리 국민들은 1989년까지 미국산 쌀을 먹어야 했지요.

벼농사를 포기하면 언제든 이런 일이 일어날 것은 불을 보듯 뻔한 일이랍니다.

제 세상 만난 곡물 기업

　1960~1970년대, 미국과 유럽에서는 여러 농산물 회사가 각축을 벌이고 있었어요. 육류를 취급하는 회사들, 열대 과일이나 커피, 향신료를 취급하는 회사들, 밀이나 옥수수를 파는 곡물 회사들이었지요.

　19세기 말에 냉동고를 장착한 선박이 만들어지면서 미국, 캐나다, 아르헨티나에서 생산된 값싼 쇠고기가 유럽에 풀리기 시작했어요. 이 값싼 고기를 유럽으로 수출하는 육류 회사들도 하루가 다르게 늘어났고요. 하지만 유럽에 있는 나라들이 낙농업을 농업 부흥의 열쇠로 삼으면서 육류 회사들이 고기를 내다 팔 시장은 조금씩 줄어들었어요. 시장이 줄어들면서 육류 회사들의 입지도 갈수록 좁아졌지요.

　바나나, 파인애플, 오렌지 같은 열대 과일과 커피, 사탕수수 같은 청과물을 다루는 기업들은 19세기 말부터 라틴 아메리카와 동남아시아 곳곳에 직영 대농장을 만드는 한편, 이 농작물들 교역을 독점해 힘을 키웠어요. 그 대표적인 회사가 유나이티드 푸르츠(지금은 치키타로 이름을 바꿨어요.)와 돌 푸드예요. 이 두 회사는 청과물 무역을 선점해 얻은 부를 바탕으로 라틴 아메리카 여러 나라에서 철도, 항만, 전력, 수도 같은 기간산업까지 손에 넣고 경제와 정치를 쥐락펴락했어요.

유나이티드 푸르츠는 과테말라, 온두라스, 니카라과 같은 중앙 아메리카 여러 나라 정부들을 꼭두각시로 만들 만큼 위력을 발휘했어요. 오죽했으면 이들 나라를 '바나나 공화국'이라고 부를까요. 그것은 이들 나라의 주권을 국민이 아니라 유나이티드 푸르츠의 바나나 대농장이 가지고 있다는 푸념에서 생긴 별명이에요.

돌 푸드는 미국 사탕수수 업자들과 손잡고 하와이 왕국을 뒤집어엎은 뒤 하와이를 미국의 50번째 주로 바꾸고는 파인애플 대농장*을 세웠어요. 그런 다음 라틴 아메리카 여러 나라까지 진출해 청과업계의 큰손이 되었지요.

1960년대까지 곡물 회사들은 규모나 영향력이 육류 회사나 청과 회사와 비교할 수 없을 만큼 미미했어요. 육류 회사와 청과 회사가 대형 마트 수준이라면 곡물 회사는 동네 구멍가게 수준이었지요. 밀을 빼고는 식량이 국제 교역량에서 차지하는 비중이 크지 않았거든요.

그러던 것이 **녹색혁명으로 식량 생산량과 재고량이 늘면서** 바뀌었어요. 가축 사료 수요가 늘어나면서 옥수수 교역량도 어마어마하게 늘었고요. 또 국제 교역이 거의 이루어지지 않던 쌀까지도 교역량이 크게 늘었어요. 거래 규모가 몇 배에서 몇 십 배까지 늘어나면서 **곡물 회사들의 규모와 영향력은 점점 커졌지요.**

이때 성장한 곡물 회사로는 미국의 카길, 아처 대니얼스 미들랜드,

인터콘티넨털, 코넬, 프랑스의 루이 드레퓌스, 스위스의 앙드레, 남아메리카의 붕게 따위가 유명해요. 전 세계 농민들이 너무 많이 생산한 식량 때문에 울상을 지었다면, 이 곡물 회사들은 이것 때문에 돈벼락을 맞았지요.

이렇게 큰돈을 번 곡물 회사들은 기업 사냥으로 몸집을 불렸어요. 기업 합병 및 인수 대상 1순위는 라틴아메리카와 아시아, 아프리카 여러 나라의 토착 곡물 회사들이었어요. 이들 나라의 농민들이 생산한 식량을 사들이려는 속셈에서였지요.

다음으로 눈독을 들인 것은 화학비료와 농약을 생산하는 화학 회사들이었어요. 여기에서 한 걸음 더 나아가 이들은 농민들에게 종자를 판매하는 종자 회사들도 마구 사들였어요. 농사짓는 데 들어가는 종자와 비료, 농약에서부터 식량과 채소, 과일까지 농업에 관계된 모든 걸 손에 틀어쥐겠다는 속셈이었던 거예요.

유럽과 미국은 자기네 식민지였던 라틴아메리카나 동남아시아, 아프리카 등지에서 바나나, 파인애플, 오렌지, 커피, 사탕수수 같은 수출용 작물을 재배하게 했다. 그러면서 원주민들의 노동력과 수입을 착취했다.
그 결과 지금까지도 이 지역 나라들은 식량 부족에 시달리고 있다.

파인애플 대농장(플랜테이션과 단작)

식민지 시대에 유럽과 미국 사람들이 라틴아메리카나 동남아시아, 아프리카에서 경영하던 대농장을 '플랜테이션'이라고 한다. 유럽인과 미국인은 농지를 헐값으로 마구 사들인 다음 값싼 원주민 노동력을 이용해 바나나, 파인애플, 오렌지, 기름야자, 커피, 사탕수수, 고무 같은 수출용 작물을 재배했다. 농장 주변에 있는 농가들도 같은 작물로 바꾸는 경우가 많아졌다.

결국, 나라 전체가 한 가지 작물만 심게 되었는데, 이를 단일 경작, 줄여서 '단작'이라고 한다. 단작을 하면 수확한 작물은 수출하고 그 외의 식량은 일체 수입할 수밖에 없다. 수출하는 작물의 국제 시세가 오르고 수입하는 식량의 시세가 내리면 대농장주는 물론이고 대농장에서 일하는 농업 노동자나 주변 농민들, 또 이들에게 생활필수품을 대 주는 상인들까지 큰돈을 벌 수 있다. 반대로 수출하는 작물의 국제 시세가 내리고 수입하는 식량의 시세가 오르면 모두가 망하기 일보 직전까지 내몰리게 된다.

이처럼 단작을 하면 농가 경제는 물론 나라 경제까지 그 작물의 국제 시세에 바로바로 영향을 받기 때문에 좋지 않다. 그래서 라틴아메리카와 동남아시아, 아프리카 여러 나라들은 엄청난 재정을 들여 새로운 작물을 심으려고 노력하고 있다. 우리나라도 벼 재배 비중이 갈수록 높아져 단작의 형태에 가까워지고 있다. 단작의 부작용과 단점을 보완할 특별한 대책과 인식이 필요한 때다.

유럽의 목축업 부흥과 광우병

1950년대 이후 유럽에서는 소농 중심의 낙농업과 기업 중심의 대형 브로일러 목축업이 활발해졌다. 브로일러 목축업이란, 가축을 커다란 축사에 가둬 두고 운동량을 줄여서 짧은 시간 안에 몸무게를 최대한 늘리는 사육 방식이다. 브로일러 목축업이 나타나면서 목축업에 관심을 갖는 기업도 늘어났다.

이렇게 육류 생산이 늘자 축산 폐기물이 골칫거리가 되었다. 유럽 사람들은 우리나라 사람들과는 달리 살코기만 먹지 뼈나 내장, 머리, 피는 먹지 않는다. 소 한 마리를 잡으면 버리는 부분이 절반을 넘을 정도다.

거기에 1970년대 들어 환경 운동이 활발해지면서 축산 폐기물을 함부로 버리거나 파묻지 못하게 하는 규제가 강화되었다. 이래저래 육류 회사들은 늘어나는 축산 폐기물 처리 비용에 골머리를 썩을 수밖에 없었다.

그러다가 생각해 낸 방법이 축산 폐기물을 열로 바짝 말린 뒤 곱게 빻아 가루로 만드는 것이었다. 이른바 육골분을 만든 것인데, 이것으로 도자기를 만들었다.

찰흙에 육골분을 섞어 반죽한 다음 도자기를 빚어 높은 온도로 구우면 육골분은 타서 사라지고 눈에 보이지 않는 작은 공기구멍이 생긴다.

가벼우면서도 단단한 도자기를 만드는 비법이다. 이렇게 만든 도자기를 본차이나라고 하는데, 19세기 말에 영국에서 발명된 도자기 제조법이다. 하지만 도자기 회사가 그 많은 육골분을 다 처리할 수는 없었다.

그래서 생각해 낸 방법이 육골분을 개나 고양이 같은 애완동물 먹이로 파는 것이었다. 그러나 이것 역시 한계가 있어 닭이나 돼지 같은 잡식 동물들한테도 사료로 먹였다.

그렇게 하고도 육골분은 어마어마하게 남았다. 남는 것은 파묻어 버리면 되었지만, 어쩐지 돈을 그냥 버리는 것 같아 아깝게 여긴 육류 회사들은 육골분을 양과 소 같은 초식 동물의 사료로까지 사용한다. 양이 양을 먹고, 소가 소를 먹는 동족상잔의 비극이 시작된 것이다.

광우병이 생긴 것도 이 때문이다. 광우병은 병원균이 서서히 뇌와 신경계를 공격하여 뇌에 구멍이 숭숭 뚫린 '스폰지형 뇌'가 되는 병인데, 이 병원균은 요리를 하거나 삶아도 죽지 않는다. 아직까지 특별한 치료약도 없다. 잠복기에는 서서히 진행되지만 일단 드러나면 급속하게 광기와 죽음을 가져오는 섬뜩한 질병이다. 육골분으로 돈을 벌려는 사람들의 탐욕이 결국 광우병을 낳은 것이다.

곡물 기업과 우루과이라운드 협정

1980년대 들어 곡물 회사는 눈부시게 성장했어요. 특히 옥수수 시장이 커지면서 곡물 회사에 날개를 달아 주었지요. 거래량이 엄청나게 늘어 이윤을 조금만 붙여도 천문학적인 이익을 올릴 수 있었으니까요. 기상 이변으로 흉년이 들어도 또 엄청난 초과 이익을 챙겼고요.

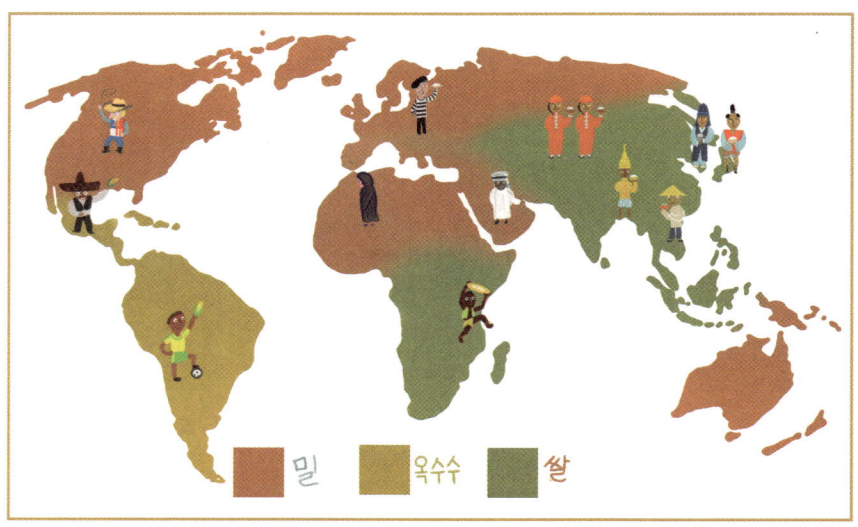

전 세계 대부분의 사람들이 밀, 옥수수, 쌀 가운데 하나를 주식으로 먹고 있다.

흔히 밀, 옥수수, 쌀을 가리켜 세계 3대 곡물이라고 해요. 전 세계 대부분의 나라에서 이 세 가지 곡물을 주식으로 먹고 있거든요.

밀은 유럽과 북아메리카, 북아프리카, 서남아시아 등지에서는 주식으로, 그 밖의 다른 지역에서는 국수, 만두, 빵, 과자 같은 간식으로 먹어요. 그래서 거래 액으로는 밀이 그 세 가지 가운데 으뜸이에요.

밀은 2천여 년 전인 로마 제국 때부터 활발하게 국제 교역이 이루어지기 시작했어요. 유럽에서 중세 시대에는 교역이 거의 이루어지지 않다가 17세기 이후부터 다시 교역량이 늘기 시작했지요. 당시 영국에서는 양털로 천을 짜는 모직업이 발달하면서 대지주들이 밀 대신 양에게 먹일 클로버나 알팔파를 심었어요. 국민들이 먹는 밀은 이웃한 아일랜드 식민지에서 수입해 먹었지요. 지금은 밀이 흑해와 카스피 해 부근에 있는 러시아 남부와 중앙아시아, 북아메리카 대륙에 있는 미국과 캐나다에서 많이 나는데, 이 지역들에서 나는 밀은 대부분 수출해요.

밀은 부족하다고 해서 쌀처럼 터무니없이 오르는 법은 없어요. 실제로 배 이상 오른 적도 없고요. 소비량 전체가 '주식'이 아니기 때문이지요. 밀가루 값이 크게 오르면 밀로 만든 간식을 먹지 않으면 되니까요. 그러면 밀 수요가 줄어드니 값이 어느 정도까지만 오르는 거예요.

옥수수도 사정은 비슷해요. 옥수수를 주식으로 먹는 곳은 라틴 아메리카밖에 없어요. 다른 지역에서는 빵, 과자, 시리얼, 팝콘 같은 간식으로 만들어 먹어요. 옥수수를 가장 많이 먹는 소비자는 사람이 아니라 가축이에요. 그래서 옥수수 값이 오르면 농민들은 가축 사육을 줄여요. 간식으로 옥수수를 먹던 사람은 옥수수 간식을 줄이거나 먹지 않으면 되고요. 그래서 옥수수 역시 가격이 배 이상 오르는 경우는 매우 드물답니다.

쌀은 아시아 사람 대부분과 아프리카, 유럽 사람 일부가 주식으로 먹어요. 그러니까 세계 인구의 3분의 2 정도가 주식으로 먹는 셈이지요. 쌀이 모자라면 잠깐은 간식으로 대체할 수 있겠지만, 간식은 간식일 뿐 주식이 되기는 어려워요. 그래서 쌀값이 네다섯 배 뛰는 경우는 보통이에요.

한마디로, 곡물 회사는 평소에는 주로 밀과 옥수수 거래로 돈을 벌고, 흉년에는 쌀 거래로 떼돈을 벌어요. 곡물 회사가 식량 자유 무역, 특히 쌀 자유 무역을 주장하는 까닭이 바로 여기에 있어요.

1980년대에 곡물 회사들은 미국, 캐나다, 유럽 여러 나라 정부를 설득해 식량의 자유 무역, 특히 쌀의 자유 무역을 추진했어요. 그리하여 마침내 1993년에 우루과이라운드 협정이 타결되었지요. 밀, 옥수수에 이어 쌀도 무역의 대상이 된 거예요.

공룡의 탄생

1993년에 우루과이라운드 협정이 타결됨으로써 세계 무역 기구(WTO)가 만들어졌어요. 세계 각국은 농산물 시장을 열었고요. 이렇게 열린 시장은 말 그대로 곡물 회사들의 놀이터가 되었어요. 곡물 회사들은 농산물 교역이 늘면서 엄청나게 커 나갔지요.

카길을 비롯한 곡물 회사들은 이미 1980년대부터 기상 위성들로부터 전 세계 대부분 지역의 기상 관측 자료를 실시간으로 받아 보고 있었어요. 그 자료들을 슈퍼컴퓨터로 해석해 앞으로 6개월에서 1년 뒤에 어느 지역에 어떤 기상 이변이 일어날지, 작황은 어떻게 될지 예측하는 거지요.

"흠, 1년 뒤에는 동아시아에 큰 홍수가 일어나겠군!"

심각한 흉작이 예상되면 대형 곡물 회사들은 세계 여러 나라의 토착 곡물 회사들을 중개상으로 고용해 밭떼기로 식량을 사들여요. 흉작이 될 것이라는 정보도 없고, 예상하지도 못한 농민들은 헐값으로 작물을 팔고요. 이른바 매점매석이지요. 값이 오를 것을 예상해 미리 물건을 사재는 거예요. 추수가 끝나고 농작물이 모자라면 곡물 값은 하늘 높은 줄 모르고 올라가요. 하지만 값이 올라 생긴 이익은 몽땅 사재기한 곡물 회사 손안으로 들어가지요.

또한 대형 곡물 회사들은 세계 곳곳에 있는 종자 회사, 비료 회사, 농약 회사를 마구 사들였어요.* 이렇게 기업 사냥을 하려고 금융 회사를 사들이거나 새로 세우기도 했고요. 심지어 농산물 유통 회사나 다른 곡물 회사도 사들였어요. 종자에서 식탁 위까지 식생활에 관계된 모든 것을 차지하겠다는 속셈이었지요. 전 세계 사람들의 식생활을 쥐락펴락하는 공룡이 된 거예요.

카길에 팔린 우리나라 종자 회사

1998년, 우리나라가 외환 위기(IMF)를 겪고 있을 때, 미국의 곡물 기업들은 우리나라의 종자 회사들을 사들였다. 카길과 손잡은 화학 회사 몬산토가 우리나라 3대 종자 회사 가운데 두 회사인 흥농종묘와 중앙종묘를 사들였고, 나머지 한 회사인 서울종묘도 다른 외국 기업에 넘어갔다.

그 예로 곡물 기업 세계 1위인 카길은 세계 5대 곡물 기업 가운데 하나였던 인터콘티넨털을 사들여 누구도 넘보지 못하는, 세계에서 가장 큰 곡물 기업이 되었어요. 세계 곡물 시장에서 거래되는 곡물의 절반 이상이 카길을 통한다고 하니 얼마나 대단한지 알 수 있겠지요?

또한 카길은 1998년에 역시 몬산토와 손잡고 종자 회사 레네젠을 세웠어요. 레네젠은 유전자 조작 기술을 이용해 유전자 조작 작물을 개발하는 회사예요.

카길을 비롯한 곡물 회사들의 욕심은 끝날 줄 몰랐어요. 식물 씨앗도 지적 소유권 대상이라고 주장했지요. 세계 무역 기구는 이 곡물 회사들의 주장을 받아들였고요. 오늘도 전 세계 농민들은 카길을 비롯한 곡물 회사들에 특허료를 내고 농사를 짓고 있답니다.

거대한 공룡, 카길

미국 미네소타 주에 본사를 둔 카길은, 1865년에 설립된 곡물 회사로 2008년 현재, 68개국에서 15만 9천여 명을 고용해 1천2백4억 달러에 이르는 매출에 순수익 40억 달러를 올리고 있는 세계에서 가장 큰 기업 가운데 하나다. 전 세계에서 유통되고 있는 곡물은 물론 지구 상 먹을거리의 40퍼센트가 카길의 손을 거칠 만큼 거대한 공룡이다.

『포춘』이라는 잡지에서는 세계 500대 기업을 해마다 발표하고 있는데, 카길은 세계 30위 안에 드는 기업이라고 한다. 설립자인 카길과 맥밀런의 자손들이 회사 주식의 85퍼센트를 차지하고 있다.

우리나라 요리에서 빠질 수 없는 재료 중 하나인 청양 고추.
1980년대 개발되어 우리나라 매운 고추의 대명사가 된
청양 고추도 애석하게 몬산토 코리아 제품이다.
품종을 개발한 중앙종묘를 몬산토가 사들였기 때문이다.
즉, 몬산토가 씨앗을 팔지 않으면 청양 고추를 기를 수
없다는 말이다. 청양 고추 하나에도 몬산토와 카길에 내는
특허료가 숨어 있는 것이다.

chapter 4
식량 위기

지금도 세계 곳곳은 극심한 식량난을 겪고 있다.

필리핀에 무슨 일이?

쌀가게 앞에 행렬이 끝도 없이 이어지고 있었어요. 쌀이 떨어졌으니 내일 오라는 주인 말에 웅성대던 사람들은 흥분하기 시작했어요. 값을 올려 팔려는 수작이 아니라면 쌀이 정말로 다 떨어졌는지 보여 달라며 사람들은 큰 소리로 떠들었지요. 몇몇 사람이 가게 안으로 떠밀고 들어오자 주인은 다급하게 어디엔가 전화를

2008년에는 국제 농산물 가격이 급격히 치솟아 많은 나라들이 어려움을 겪었다.

걸었어요. 떠밀고 들어온 사람들로 가게 안은 아수라장이 되고 말았어요. 유리창은 박살이 났고, 바닥으로 쌀알들이 마구 흩어졌어요. 사람들은 너도나도 마구 쌀을 집어 갔어요.

2008년 봄, 필리핀 수도 마닐라에서 벌어진 일이에요. 그해 내내 필리핀은 온 나라가 크고 작은 쌀 소동으로 몸살을 앓았어요. 조금씩 오르던 쌀값은 사람들이 사재기에 나서면서 크게 뛰었어요. 앞으로 몇 배 더 오를지는 아무도 몰랐지요. 두려움에 사로잡힌 사람들은 하던 일을 모두 팽개치고 쌀가게 앞에 장사진을 쳤어요. 아예 쌀가게를 습격하는 사람들도 있었어요.

이런 일이 벌어진 까닭은 필리핀 사람들이 주식으로 먹는 쌀이 모자란다는 소문 때문이었어요. 주식이 쌀인 필리핀 사람들은 그동안 이웃 나라들에서 쌀을 사다 먹었어요. 그런데 이웃 나라들에서 쌀 수출을 줄인다는 거예요. 기상 이변이 있었던 것도 아니고, 쌀 수확량이 줄어들 만한 특별한 사정도 없는데 갑자기 쌀 수출량을 줄이겠다니!

필리핀 정부로서는 자다가 날벼락 맞은 것이나 다름없었지요. 필리핀 정부는 원인 파악하랴, 긴급 사절단 보내랴 정신이 하나도 없었어요. 급히 각 나라에 파견된 사절단은 쌀을 살 수 있게 해 달라고 하소연했어요. 하지만 모두들 자기네가 먹을 쌀도 모자란다며 안 된다고 했지요.

당시 석유를 비롯한 모든 원료 값이 작게는 몇십 퍼센트에서 크게는 몇백 퍼센트까지 뛰었어요. 쌀값만 제 자리를 맴돌고 있었지요. 쌀 수출국들 입장에서는 이만저만 손해가 아니었어요. 손해를 줄이려면 쌀값을 올리는 수밖에 없었지요. 쌀값을 올리는 가장 쉬운 방법은 쌀 수출국들끼리 손을 잡고 수출을 막는 것이었어요.

결국 필리핀 정부는 1인당 쌀 4킬로그램만 살 수 있도록 제한했어요. 사실상 배급제를 실시한 거죠. 필리핀 정부에서는 국민 생활 안정을 위해 비축하고 있던 쌀을 헐값에 풀었지만 쌀값을 안정시킬 수는 없었어요. 정부에서 푸는 양으로는 국민들의 수요를 충족시킬 수 없었거든요. 정부에서 고시하는 쌀값과 실제 쌀값은 몇 배나 차이가 났어요. 쌀을 사재기해 엄청난 이윤을 붙여 파는 상인들을 적발해 엄하게 벌을 주었지만, 암거래하는 상인들은 늘어만 갔어요.

한 해에 3모작을 할 수 있는 나라에서 쌀이 모자라는 게 말이 돼?

사람들은 분통을 터뜨렸어요.

1970년대 초만 해도 필리핀 볍씨는 단위 면적당 생산량이 세계 최고 수준이었어요. 다수확 품종의 대명사인 우리나라 '통일벼'도 필리핀 볍씨를 한국 풍토에 맞게 개량한 것이니, 필리핀 볍씨 생산량이 얼마나 대단한지 알 수 있겠죠? 그런 볍씨로 한 해에 세 차례나 수확했으니 필리핀은 세계에서 손꼽히는 쌀 생산국이자 수출국이었어요. 그런 필리핀에서 '쌀 부족 사태'라니, 도대체 무슨 일이 있었던 걸까요?

1993년에 우루과이라운드 협정이 타결되면서 세계 무역 기구가 탄생했어요. 세계 무역 기구에서는 농산물도 다른 상품과 마찬가지로 자유롭게 교역할 수 있어야 한다며 세계 여러 나라에 농산물 시장을 열도록 했지요. 세계 각국의 농산물 시장이 열리면서 농산물의 국제 교역량은 크게 늘었어요.*

농산물 수출 대국 필리핀도 농산물 수출량이 늘면서 짭짤한 재미를 보았어요. 이익은 주로 바나나, 파인애플, 파파야, 망고, 기름야자, 사탕수수 같은 플랜테이션 작물에서 났지요.

세계 곡물 시장

세계 곡물 시장은 국가 간 무역을 통해 식량이 부족한 나라는 식량을 수입하고, 남는 나라는 식량을 수출하는 시장이다. 그런데 문제는 곡물을 수출하는 나라보다 수입하는 나라가 더 많다는 것이다. 게다가 카길과 같은 곡물 회사들이 곡물 시장을 좌지우지하고 있어 식량을 수입에 의존하는 나라들은 곡물 가격이 오르면 국민 다수가 굶주리게 되는 등 큰 어려움을 겪는다.

하지만 농산물 대부분을 차지하던 쌀은 큰 손해를 보았어요. 계속된 풍년으로 쌀 생산량이 늘어나면서 쌀값은 제자리걸음을 하거나 오히려 떨어졌거든요. 그래서 이익이 많은 플랜테이션 작물 생산은 늘리고, 손해를 보는 쌀 생산은 줄이는 쪽으로 정책 방향을 잡았어요. 합리적인 선택 같았지요.

필리핀 정부는 논을 없애고 그 자리에 플랜테이션 작물을 심으라고 적극 장려했어요. 그 결과 논이 줄어든 만큼 쌀 생산도 줄었지요. 필리핀 사람들은 플랜테이션 작물을 팔아서 번 돈으로 베트남, 캄보디아, 태국 같은 나라에서 쌀을 사 먹었어요.

플랜테이션 작물을 좋은 값에 팔고 쌀을 싸게 사면서 필리핀 사람들은 큰 이익을 보았어요. 필리핀 사람들은 정부의 전략이 맞아떨어졌다며 박수를 보냈지요.

하지만 2000년대에 들어서면서 상황이 뒤집어지기 시작했어요. 곡물, 즉 식량의 자유 교역이 늘어나면서 곡물도 일반 상품과 마찬가지로 수지가 맞지 않으면 포기하고, 보다 수지맞는 작물로 바꿔야 한다는 생각이 널리 퍼진 거예요. 한마디로 말해 필리핀과 같은 생각을 하는 나라들이 늘어난 것이지요.

이렇게 너도나도 수지맞는 작물로 바꿔 심자 곡물을 심는 땅이 줄어들었어요. 당연히 농업에 대한 투자도 줄었고요.

전 세계 곡물 생산량은 오른쪽의 그래프에서 보듯이 1990년까지는 5년에 약 2억 톤씩 늘어나다가, 그 후로는 15년에 겨우 2억 톤 늘어났어요. 곡물 생산의 증가율이 갈수록 둔화되고 있다는 것을 알 수 있어요.

더욱 심각한 문제는 곡물 소비량이 가파르게 늘어나고 있다는 데 있어요. 그래프에서 알 수 있듯이 1995년 이후에는 소비량이 생산량보다 많다는 것을 알 수 있어요. 생산보다 소비가 많아지면 재고가 줄어들겠지요.

2003년 이후에는 곡물 재고율이 20퍼센트를 넘는 경우가 없어요. 흔히 재고율이 18퍼센트 이하이면 식량 위기의 위험이 높다고 보는데요, 이렇게 보면 식량 위기는 사실상 2006년부터 계속되고 있는 것이지요.

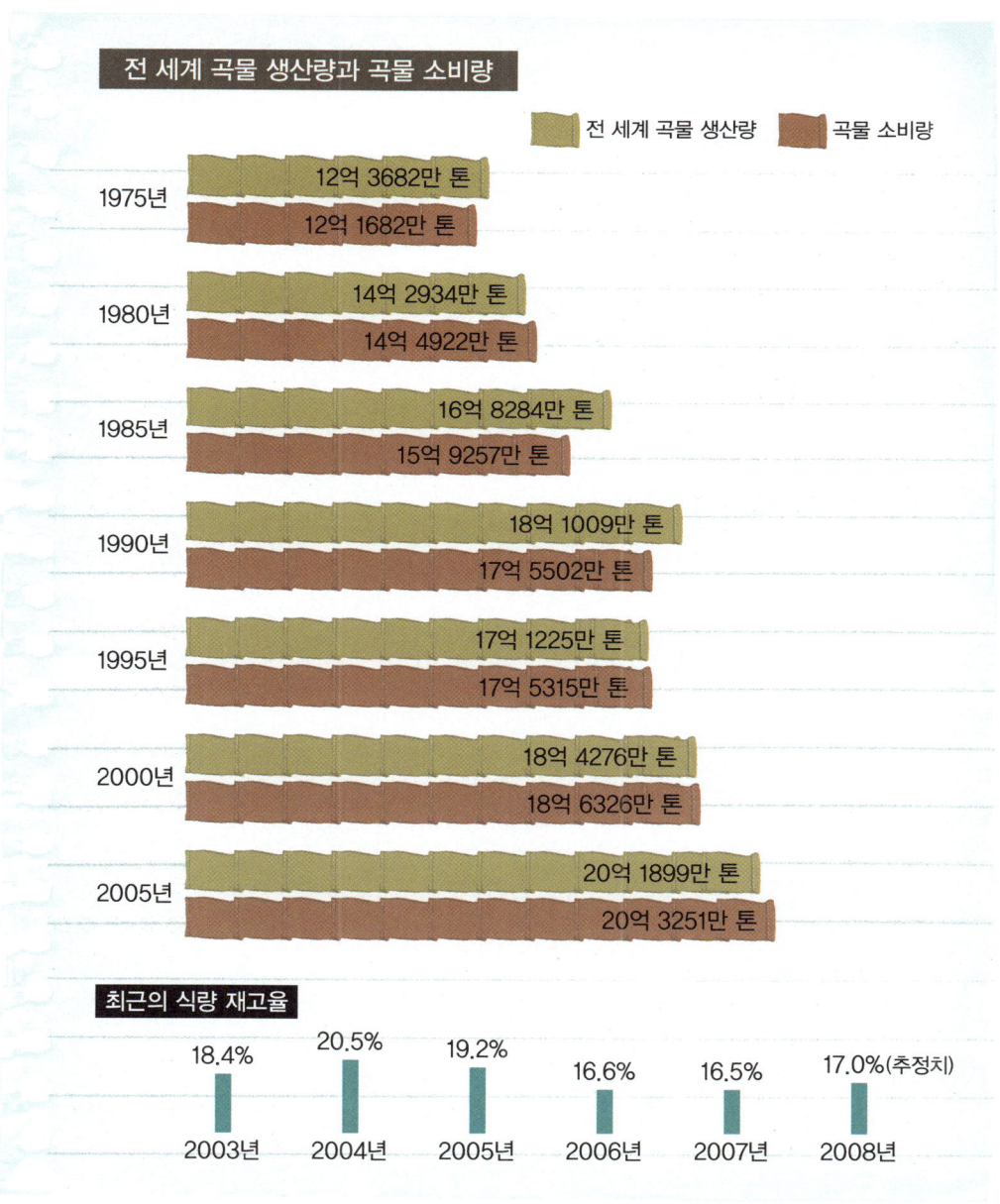

이러한 통계를 볼 때, 조금만 관심을 기울였다면 2008년에 식량 위기가 올 것임을 알 수 있었을 거예요. 하지만 필리핀은 대책도 없이 안일하게 있다가 식량 위기를 맞게 되었어요.

쌀은 밀이나 옥수수보다 가격 변동성이 아주 큰 곡물이에요. 인류의 3분의 2 정도가 오로지 주식으로 소비하기 때문이지요. 필리핀 정부는 플랜테이션 작물이 주는 이익에 마음이 쏠린 나머지 이러한 사실을 잊고 있었던 거예요. 그 대가는 너무나 컸지요.

2007년까지 1톤에 300달러 남짓하던 쌀의 국제 가격은 가파르게 올라 2008년 5월에는 1천 달러가 되었어요. 그동안의 손해를 한꺼번에 만회할 만큼 값이 올랐다고 생각한 태국과 베트남 등은 수출 금지를 풀었어요. 값이 올랐더라도 물건을 팔아야 이익을 손에 쥘 테니까요. 쌀 수출이 재개되면서 쌀 국제 가격은 조금씩 떨어지기 시작했어요. 다시 쌀이 수입되자 필리핀의 사재기 열풍도 수그러들었지요.

필리핀 정부는 2008년 한 해 동안 240만 톤의 쌀을 수입했어요. 세계 각국의 곡물 회사들로부터 국제 입찰을 받아 가격을 낮추려고 했지만, 많은 양을 수입할수록 가격이 올라가는 쌀의 특성상 1톤당 1천 달러 이하로 수입하기는 어려웠어요. 그러니 1천 달러로만 잡아도 24억 달러죠. 2008년 필리핀 국내 총생산이 1천6백86억 달러였으니까 쌀 수입에만 1.4퍼센트를 쓴 거예요. 실로 어마어마한 규모가 아닐 수 없어요. 지난 10년 동안 플랜테이션 작물을 수출해 벌어들인 이익을 고스란히 까먹은 거예요.

필리핀 국민들은 주식인 벼농사를 포기하고 플랜테이션 작물 재배를 밀어붙인 정부의 농업 정책에 분통을 터뜨리고 있어요. 벼농사를 늘리고는 있지만, 식량 사정이 금방 좋아지지는 않을 거예요. 포크레인으로 논을 갈아엎어 플랜테이션 농장으로 만드는 일은 한두 달이면 할 수 있지만, 플랜테이션 농장을 갈아엎어 논으로 만드는 데는 아무리 적게 잡아도 3~5년은 걸리거든요.

　필리핀 농업 정책은 우리에게 벼농사가 얼마나 중요한지 잘 보여 주는 생생한 예가 아닐 수 없어요.

식량 위기는 이제 시작일 뿐

　세계를 덮친 식량 위기로 타격을 입은 나라는 필리핀만이 아니에요. 밀가루를 주식으로 하는 이집트에서도 이와 비슷한 사례가 있었지요.
　2008년, 이집트의 수도 카이로의 한 국영 빵집 앞에 빵을 사려는 사람들이 꼭두새벽부터 기나긴 줄을 섰어요. 이집트는 사회주의를 표방하기 때문에 국가가 운영하는 국영 빵집에 가면 싼값에 빵을 배급받을 수 있었어요. 그렇더라도 새벽부터 사람들이 빵집 앞에서 진을 치고 있는 이유는, 수입 밀가루 값이 크게 오르는 바람에 개인 빵집에서 파는 빵과 국영 빵집에서 파는 빵 값이 몇 배씩 차이가 났기 때문이에요. 국영 빵집에서 파는 빵은 개인 빵집에서 파는 가격의 10분의 1에서 12분의 1 정도의 싼값에 살 수 있었어요. 학생들은 학교에 가지 않고, 직장인들도 출근하는 대신에 줄을 섰어요. 빵을 싸게 사서 절약하는 돈이 며칠 동안 일해 버는 돈보다 많았거든요.
　이집트에서는 밀가루 값이 폭등하면서 빵 값이 35퍼센트, 식용유 값이 26퍼센트 등 물가가 급격히 올라 폭동으로 번질 우려가 커졌어요. 그러자 이집트 정부에서는 새치기를 막겠다며 국영 빵집 앞에다 군인과 경찰을 배치했어요. 사람들의 불만이 정부로 번지지 않게 하려는 속셈이었지요.

2008년 한 해 동안 식량을 요구하는 시위와 폭동이 일어난 나라는 무려 40개국을 넘었다고 해요. 2008년 들어 식량 위기가 세계를 강타하기 몇 년 전부터 '비아 캄페시나(농민의 길)' 같은 국제 농업 단체들이 식량 위기가 올 것이라고 경고했어요.

"식량 위기는 이제 겨우 시작일 뿐"

평균 40퍼센트 남짓하던 전 세계 곡물 재고율이 2006년 이후에는 17퍼센트로 뚝 떨어졌기 때문이에요. 학자들은 재고율이 18퍼센트 이하면 식량 위기가 일어난다고 보고 있어요. 세계 식량 기구에서 긴급한 상황에 대비해 각 나라 정부에서 창고에 비축하는 공공 비축분으로 16퍼센트를 권장하고 있으니 여유분이라고는 1퍼센트 남짓밖에 없는 셈이에요. 종류에 따라 다르지만 이듬해 농사에 쓸 종자가 1~10퍼센트, 창고에서 보관하다 쥐가 먹거나 변질되어 버리는 양이 2~3퍼센트인 것을 감안하면 턱없이 모자란 양이지요.

국제 농업 단체들은 전 세계 곡물 재고가 30퍼센트 정도로 회복될 때까지는 많은 나라가 만성적인 '식량 부족'에 시달릴 것으로 보고 있어요.

그렇다면 전 세계 곡물 재고가 줄어든 까닭은 무엇일까요? 국제 농업 전문가들은 크게 두 가지 이유를 들고 있어요.

가장 큰 이유는 전 세계에 걸쳐서 곡물 수요가 크게 늘었다는 거예요. 1950년에 25억 명이던 세계 인구는 1999년에는 60억 명이 되었어요. 그리고 2005년에 65억 명을 넘어섰으며, 2012년에는 70억 명을 넘고, 2050년에는 90억 명을 넘어서리라고 예상하고 있어요. 인구가 늘었으니 당연히 식량 수요가 늘었지요.

아울러 사료용 곡물의 수요도 커졌어요. 가난한 나라였던 중국과 인도의 경우, 공업화에 성공하면서 생활수준이 크게 높아졌어요. 생활수준이 높아지면서 육류 소비량도 크게 늘고, 사료용 곡물 수요도 어마어마하게 늘었어요.*

문제는 중국과 인도에 사는 사람들을 모두 합치면 25억 명이 넘는다는 거예요. 세계 인구의 40퍼센트나 되지요. 이들 두 나라에서 늘어난 곡물 수요만도 100퍼센트를 크게 넘어요.

전 세계 곡물 재고가 줄어든 또 다른 이유는, 1970년대를 정점으로 농업에 대한 투자 비중이 크게 줄었기 때문이에요.

1970년대에 식량이 부족해지자 전 세계는 농업에 대해 대대적으로 투자를 했어요. 그 결과 전 세계 곡물 생산은 어마어마하게 늘어났어요. 당시 인구보다 20억 명 이상을 먹여 살릴 만큼 엄청난 양이었어요.

중국의 육류 소비량

1980년대 이후 중국은 일 인당 육류 소비량이 150퍼센트 늘어나는 등 식량 소비가 증가했다.
이런 요인들로 인해 2006~7년 전 세계의 식품 값이 23퍼센트, 그 중 곡물 값이 42퍼센트, 유제품 값이 80퍼센트로 엄청나게 뛰었다. 세계식량농업기구(FAO)는 이와 같은 식품 값 상승세는 적어도 앞으로 10년 동안 이어질 것으로 내다보고 있다.

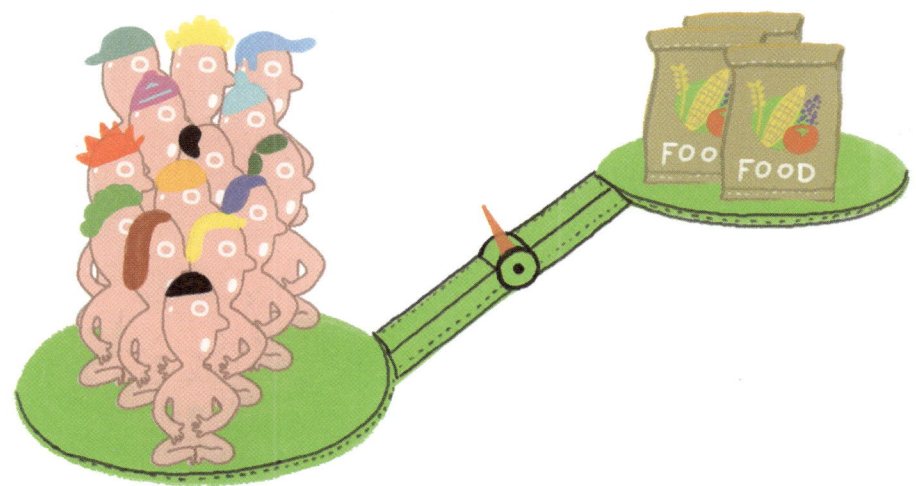

1974년에 40억 명이던 세계 인구는 1999년에는 60억 명으로 20억 명이 늘었다. 하지만 곡물 생산은 오히려 줄어들어 앞으로 심각한 식량 위기를 예고하고 있다.

    곡물 생산이 엄청나게 늘어나면서 곡물 가격은 폭락을 거듭했어요. 그러자 세계 여러 나라는 더 이상 농업에 대해 별다른 투자를 하지 않았지요.
    그리고 30년이 흘렀어요. 이제 인류는 식량 위기라는 전혀 새로운 문제에 맞부딪쳤어요. 식량 문제는 지구 온난화나 오존 구멍처럼 인류가 풀어야 할 전 세계적인 문제로 대두되고 있어요.
    식량 위기는 농업과 농촌, 농민을 사라져야 할 낡은 유물로 취급한 그동안의 역사가 낳은 비극이에요. 결국 농업과 농촌, 농민을 새롭게 바라보지 않으면 식량 위기는 해결할 수가 없다는 뜻이에요.

chapter 5
유전자 조작
농산물의 공포

8

오늘날 세계 곡물 기업들은 유전자 조작 농산물로 우리의 식탁을 위협하고 있다.

유전자 조작 농산물

"석유를 장악하라.
그러면 전 세계 국가들을 장악하게 될 것이다.
식량을 장악하라. 그러면 전 세계 인민들을 장악하게 될 것이다."

미국의 헨리 키신저라는 사람이 한 말로, 앞으로 다가올 식량 위기와 그에 따른 미국 곡물 회사들의 생각을 잘 보여주고 있어요.

키신저 말대로 곡물 회사들은 이런 사실을 너무도 잘 알고 있었어요. 그래서 늘어나는 곡물 수요에 대비해 더 많이 수확할 수 있도록 기존 품종을 개량하는 한편 새로운 품종 개발에 나섰어요. 막강한 자본력과 앞선 유전 공학 기술을 이용해서 작물의 유전자를 조작해 기존에 있던 종자와는 비교도 안 될 정도의 생산량과 맛을 지닌 품종을 만들어 낸 거예요. 여태까지 하던 방법대로 교배를 해서는 좀처럼 품종 개량을 하기 어려웠거든요.

자본과 기술의 결합은 놀라운 결실을 만들어 냈어요. 특히 유전 공학의 힘은 상상 이상이었지요. 새로운 품종들이 마구 쏟아져 나왔어요.

유전자는 생물의 모든 정보를 담은 설계도예요. 유전자 조작 기술을 이용하면 한 생물의 특정한 성질만 따로 떼어 낼 수 있어요. 그리고 그 특성을 다른 생물의 유전자에 붙여 그 특성을 나타나게 할 수도 있고요. 예를 들어 거미줄을 뽑는 특성을 보이는 거미의 유전자를 떼어 내어 목화 유전자에 붙이면 목화에서 지금까지보다 수백, 수천 배 가볍고 질기면서도 물에 젖지 않는 목화 실을 뽑을 수 있어요.

　이렇듯 유전자 조작 기술은 유전자를 조작해 자연 상태에서는 얻을 수 없는 특성을 지닌 품종을 만들어 내는 품종 개량 기술을 말해요.

옥수수는 우리 생활에 안 쓰이는 데가 거의 없다. 콜라나 빵, 과자는 물론이고 플라스틱 원료나 자동차 연료로까지 쓰이고 있다.

그리고 유전자를 조작한 농산물을 '유전자 변형 농산물' 또는 '유전자 조작 농산물(GMO)'이라고 하지요. 우리나라도 2008년 5월에 정부에서 미국산 유전자 조작 옥수수 수입을 허가했어요. 이 때문에 시민 단체들이 크게 반발하면서 유전자 조작 농산물의 안전성 문제가 화제가 된 적이 있지요. 유전자 조작 농산물을 파는 국가들은 이 농산물이 인체에 해가 없다며 반대 여론을 오히려 압박하고 있어요. 이들 말대로 정말 유전자 조작 농산물은 오랫동안 계속 먹어도 아무 문제가 없는 걸까요?

유전자 조작 기술과 품종 개량 기술

유전자 조작으로 품종을 개량하는 것과 생물 교배로 품종을 개량하는 것 모두 유전자를 조합해 원하는 성질을 지닌 품종을 만든다는 공통점이 있다.

생물 교배로 품종을 개량하는 기술은 원하는 특성을 지닌 비슷한 종들을 교배해 만든 잡종 가운데 필요로 하는 품종만 찾아내는 것인데, 오랜 시간 동안 수많은 실험을 해야 얻을 수 있다.

하지만 유전자 조작으로 품종을 개량하는 기술은 원하는 특성을 지닌 유전자를 떼어 내 다른 생물체에 직접 붙이면 필요로 하는 품종만 바로 얻을 수 있다. 또한 붙이려는 유전자는 생물학적으로 교배할 수 있는 생물 종에서뿐만 아니라 서로 다른 종에서도 얻을 수 있다. 앞에서 예로 들었던 거미줄의 특성을 갖는 목화 실처럼 자연 상태에서는 교배가 불가능한 목화와 거미를 사람이 유전자 조작으로 합성해 가볍고 질기면서도 물에 젖지 않는 목화를 만들어 내는 것이다.

그러나 유전자를 조작하는 과정에서 어떤 독성 물질이 합성될지 알 수 없기 때문에 문제가 생길 수도 있다. 거미줄의 특성을 갖는 목화 실이 오랫동안 피부에 닿으면 암을 일으킬 수 있다는 보고가 있었다. 따라서 유전자 조작 품종은 오랜 시간에 걸쳐 철저하게 안전성 검사를 해야 한다.

유전자 조작 농산물을 기르는 이유

유전자 조작 콩이나 유전자 조작 옥수수는 여러 나라에 지사를 둔 대형 다국적 종자 회사에서 주로 만듭니다.

유전자 조작 기술은 1980년대 후반부터 모습을 드러내기 시작한 최첨단 기술입니다. 슈퍼컴퓨터, 전자현미경, 방사선 조사 장비와 같은 값비싼 장비들과 수많은 최고급 연구 인력이 필요하다는 이야기예요. 그러자니 어마어마한 돈이 들어가겠지요? 그만한 돈을 들일 능력이 있는 곳은 미국과 유럽의 대형 다국적 종자 회사밖에 없어요.

대형 다국적 종자 회사에서 유전자 조작 콩이나 옥수수를 만드는 까닭은 무엇일까요? 그건 바로 돈이 되기 때

오원춘 사건

1978년, 경상북도 영양군 청기면 농민들이 정부와 농업협동조합에서 판 개량종 감자를 심었다가 아예 싹조차 트지 않자, 가톨릭 농민회 청기 분회장 오원춘을 중심으로 정부에 피해 보상을 요구했다. 정부에서 피해액을 전액 보상하면서 일단락될 뻔했지만, 정보기관에서 오원춘 분회장을 납치해 2주일 동안 울릉도에 감금하고 고문 협박하면서 가톨릭 교회와 농민 단체의 반발을 샀다.
실험실에서 만든 새로운 종자를 제대로 검증하지 않고 보급할 경우 어떤 피해가 발생하는지 보여 주는 사건이다.

문이에요. 종자 값이 얼마라고 그걸 팔아 큰돈을 벌 수 있냐고요? 5, 6십만 명에게 10만 원씩 판다면 5, 6백억 원이니 그나마 큰돈이 아니라고 할 수 있겠지요. 하지만 종자를 사가는 사람이 5, 6억 명이라면 어떻게 될까요? 천문학적인 매출과 이익이 나겠지요.

사실 농업 회사나 농민들이 새로운 종자를 사거나 심는 일은 도박이나 마찬가지예요. 짧게는 수십 년에서 길게는 수백 년까지 생장 조건과 병충해, 평균 수확량, 독성 따위를 철저히 검증한 종자가 아니라면 농사를 지었다가 망칠 수도 있으니까요.

하지만 유전자를 조작해 만든 새 종자는 대부분 이전 종자보다 더 맛있거나 수확량이 더 많아요. 그렇게 되도록 시간과 기술을 쏟아부어 만들었으니까요. 또한 새 종자는 일손을 덜어 줘요. 특히 잡초를 없애는 김매기 과정에서 말이에요. 유전자 조작 콩이나 옥수수 대부분은 일반 콩이나 옥수수와 달리 제초제를 뿌려도 죽지 않거든요.

트레이터 기술

이익을 더 많이 내려는 종자 회사의 집념은 우리의 예상을 뛰어 넘는다. 자기 회사에서 만든 농약을 써서 키우지 않으면 종자가 싹을 틔우지 못하게끔 만든 트레이터 기술이 그 대표적인 예다. 몬산토 사는 '라운드업'이라는 강력한 제초제를 팔고 있는데, 몬산토에서 개발한 '라운드업 레디' 콩은 '라운드업'을 아무리 많이 써도 끄떡없다. '라운드업 레디' 콩을 심은 뒤 '라운드업'을 뿌리면 잡초가 몽땅 죽어 버리니 김매는 일손도 덜고 수확량도 늘릴 수 있어 이 종자와 농약은 더불어 함께 오랫동안 아주 많이 팔리고 있다.

종자를 심은 뒤 제초제를 뿌리면 잡초는 모두 죽고 콩과 옥수수만 남아요. 그러면 땅에 있는 양분이 잡초에는 가지 않고 작물에만 갈 테니 잡초를 뽑는 품을 들이지 않더라도 수확이 크게 늘겠지요?

또, 잎과 줄기를 갉아먹어 농민에게 큰 피해를 주는 애벌레를 죽이는 유전자 조작 콩이나 옥수수도 있어 병충해로 골머리를 앓는 농가에서는 환영하고 있는 상황이랍니다.

어때요? 새로운 종자가 주는 이익이 예상보다 크지요? 뿐만이 아니에요. 대형 다국적 종자 회사들은 대부분 피해 보상 보험을 들어 두었어요. 새 종자로 농사를 지었다가 실패하더라도 일정한 절차를 거치면 보상을 받을 수 있게 한 것이지요.

그러다 보니 이들 회사에서 만든 종자 값은 좀 비싼 편이에요. 보험료까지 포함된 가격이니까요.

우리나라는 2008년에 식용 유전자 조작(GMO) 옥수수 5만 톤을 수입했다. 비티 옥수수로 불리는 이 옥수수는, 살충 독성을 갖고 있어 천적 뿐만 아니라 무당벌레 같은 익충과 토양 속의 미생물, 곤충을 잡아먹는 새들에게까지 치명타를 가한다. 사람에게는 안전할까?

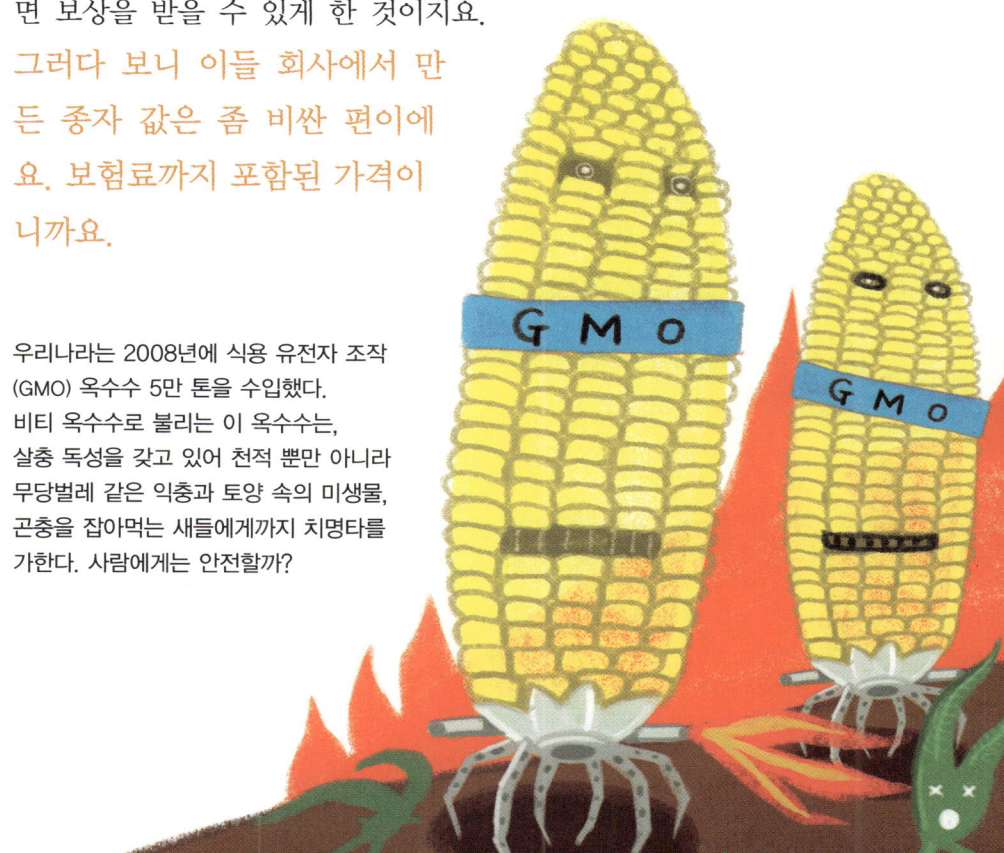

유전자 조작 농산물의 위험성

하지만 아무리 보상을 받을 수 있다고 해도 유전자 조작 콩이나 옥수수가 안전성에 아무 문제가 없을 때 이야기지요. 안전하지 않다면 아무도 먹지 않을 텐데, 아무도 먹지 않는 작물을 어느 농민이 심겠어요?

유전자 조작 기술 가운데 터미네이터 기술이라는 것이 있어요. 번식을 맡는 유전자를 없애거나 바꾸어 이 종자를 심어서 얻은 다음번 종자는 심어도 싹이 트지 않게 하는 기술이에요.

요즘 농촌에서 재배하는 작물들은 대부분 터미네이터 기술로 만들어진 것들이에요. 그래서 참외나 수박 씨앗을 심어도 싹이 트지 않거나 수확량이 크게 줄어들고 맛이 없어요. 농민이나 농업 회사가 다음해에도 같은 종자를 심으려면 그 종자를 종자 회사에서 다시 사야 해요. 종자 회사는 돈을 많이 벌겠지요.

그러다 보니 흔히들 터미네이터 기술이 종자 회사에서 계속 종자를 팔기 위해 개발한 기술로 아는 경우가 많은데, 사실은 그렇지 않아요. 유전자 조작 기술이 이제 막 세상에 첫 선을 보이던 1990년대 초반의 일이에요.

　종자 회사의 연구소에서 유전자 조작 작물을 시험 재배하던 밭에서 예상하지 못한 일이 일어났어요. **유전자를 조작하지 않은 재래종 작물을 심은 이웃 밭에서 이듬해에 유전자 조작 작물이 나왔거든요.** 유전자 조작 작물과 재래종 작물이 자기들끼리 서로 교배해 새로운 유전자 조작 작물이 만들어진 거죠.

　실험실에서 만든 유전자 조작 작물도 안전한지 아닌지 알 수 없는 상태인데, 재래종 작물과 교배해 만들어진 변형된 새로운 유전자 조작 작물이 안전한지 어떻게 알겠어요? 안전성을 검증해야 하는 게 유전자 조작 작물, 유전자 조작 작물과 재래종 작물이 교배한 아들 세대, 그리고 손자 세대로 한없이 늘어나는 거예요. 이 중 하나라도 안전하지 않다면 그동안 들인 쓰고는 모두 물거품이 되는 것이지요.

　뿐만 아니었어요. 만에 하나 안전하지 않은 유전자 조작 작물이 마구 퍼져 나가 그 어떤 문제라도 일어난다면……! 회사가 문을 닫는 것을 넘어서 엄청난 생태계 교란이 일어날 수도 있어요. 종자 회사와 연구소는 발칵 뒤집혔지요. 무시무시한 결과가 나올 것이 눈앞에 훤히 보였으니까요.

　시험 중인 유전자 조작 옥수수가 독성이 있어서 먹을 수 없다고 쳐볼게요. 그런데 이 옥수수가 이웃 밭에 있던 일반 옥수수와 교배해 빠르게 퍼졌어요. 그러자 일반 옥수수를 심은 밭에서 독성이 있는 유전자 조작 옥수수가 나오기 시작했어요. 그리고 이 유전자 조작 옥수수를 먹은 사람들이 식중독을 일으켰어요. 몇몇은 위독한 지경에 빠졌고요. 공포에 빠진 사람들은 더 이상 옥수수를 거들떠보지도 않게 되겠죠.

이런 일이 터지면 정부에서는 먼저 모든 옥수수 판매를 중지시킬 거예요. 그러고 난 뒤 어떤 옥수수가 먹을 수 있고, 어떤 옥수수가 못 먹는지 조사해서 안전한 옥수수만 골라 팔 수 있게 하겠죠. 나아가 유전자 조작 옥수수가 어디까지 퍼졌는지 조사해 그 지역 안에 있는 모든 옥수수밭을 갈아엎고 불태우겠죠.

이렇게 퍼져 나간 유전자 조작 옥수수를 없애는 데에는 아마 몇 년씩 걸릴 거예요. 정부는 옥수수 밭을 불태우랴, 농민들에게 피해 보상을 하랴, 어마어마한 돈을 쏟아붓게 되겠죠. 그사이 연구소도, 종자 회사도 모두 망해 정부에서는 쏟아부은 돈을 한 푼도 건지지 못하게 될 거예요. 정부가 쏟아부은 돈은 국민이 낸 피 같은 세금인데 그냥 낭비한 꼴이 되고 말겠죠. 끔찍한 시나리오이지요?

이런 위험성 때문에 종자 회사와 연구소들은 한동안 유전자 조작 작물 연구를 중단해야 했어요. 연구를 재개하려면 특단의 대책이 필요했지요. 그렇게 해서 만들어 낸 방법이 '터미네이터 기술'이에요. 번식 기능을 맡는 유전자를 조작해 일정한 조건이 만족되면 스스로 분비한 독으로 번식 기능을 없애는 자살 유전자를 만들어 낸 거예요. 터미네이터 기술이 만들어지면서 유전자 조작 기술은 날개를 달게 되지요.

이렇듯 터미네이터 기술은 원래 유전자 조작 식물이 널리 퍼지는 는 걸 막으려고 개발한 기술이에요. 종자 회사와 연구소도 유전자 조작 작물이 일반 작물과 교배해 널리 퍼져 나갈 위험이 있음을 잘 알고 있다는 이야기죠.

종자 회사와 연구소에서 시험 재배를 하는 까닭

대형 다국적 종자 회사에서 세운 생명 공학 연구소에서는 갖가지 유전자 조작 실험을 통해 날마다 새로운 유전자 조작 작물 종자를 만들어 내고 있다. 이렇게 만들어 낸 종자를 온실에서 시험 재배하면서 여러 가지 검사를 한다. 제초제를 뒤집어써도 잘 자라는지, 줄기와 잎을 갉아먹은 해충이 곧바로 죽어 병충해 피해가 줄어드는지, 유전자 조작으로 얻고자 하는 능력이 제대로 나타나는지 알아보려는 것이다.

뿐만 아니라 씨앗이 싹트게 하려면 어느 정도 온도에서 얼마만큼 빛을 쬐어야 하는지, 작물이 잘 자라려면 물은 얼마만큼 줘야 하는지 같은 생육 조건을 꼼꼼히 살핀다. 수확량은 얼마나 되는지, 맛은 어떤지, 안전한지 아닌지도 일일이 따진다.

완전하지 않은 터미네이터

2000년대로 들어서면서 유전자 조작 작물은 전 세계에 널리 퍼졌어요. 물론 터미네이터 기술로 처리된 유전자 조작 작물이었지요. 종자 회사와 연구소는, 이 작물들이 일반 작물에 영향을 주지 않는다고 했어요. 터미네이터 기술로 처리했기 때문에 번식 능력이 없다고 본 것이지요.

하지만 유전자 조작 작물을 심은 밭 근처에서 이상한 일이 일어났어요. 재래종 작물을 심어 수확한 종자를 이듬해에 심었더니 아예 싹이 트지 않거나 수확량이 절반 이하로 줄어든 거예요. 더욱 심각한 일은 맛이 없었어요. 이것들은 터미네이터 기술로 만든 종자를 수확해 얻은 종자를 심었을 때 나타나는 전형적인 증상이에요. 그러니까 정상적인 재래종 작물과 유전자 조작 작물이 자기들끼리 서로 교배해 새로운 유전자 조작 작물이 만들어진 거죠.

이 문제가 처음 불거진 것은 멕시코였어요. 멕시코 정부는 주식인 옥수수 농사가 수지맞지 않는다며 농민들에게 다른 작물로 바꾸라고 권했어요. 그러면서 모자라는 옥수수를 해마다 500만 톤 정도 미국에

서 수입하고 있었지요.

　정부에서 출자한 '디콘사'라는 곡물 회사도 1998년부터 2000년까지 420만 톤 정도의 옥수수를 미국에서 수입해 판매했어요.

　디콘사에서는 이 옥수수를 사람들에게 식량으로 팔았어요. 그런데 옥수수 알곡은 땅에 심으면 옥수수가 자라는 종자이기도 해요. 가루를 내거나 굽거나 찌지 않으면요. 그래서 몇몇 농민들은 미국산 수입 옥수수 알곡을 종자로 심었대요. 그해 수확은 괜찮았어요. 농민들은 그해에 수확한 옥수수 알곡을 이듬해에 다시 심었어요. 그런데 결과는? 이듬해에는 옥수수를 하나도 건지지 못하고 몽땅 망치고 말았어요.

　농민들은 벙어리 냉가슴 앓듯 말도 못하고 끙끙 앓기만 했어요. 디콘사에 항의도 못했지요. 옥수수 알곡을 식량으로 샀지 종자로 산 것은 아니었으니까요. 그러다가 자기와 같은 상황에 빠진 농민들이 엄청나게 많다는 사실을 알게 되었어요.

'내가 농사를 잘못 지어 이렇게 된 게 아니구나. 뭔가 있어!'

　그래서 온 나라 농민들이 디콘사에 몰려가 항의했어요.

　"도대체 뭘 판 거냐?"

　디콘사는 처음에는 콧방귀도 뀌지 않았어요. 아무런 해명도 하지 않았지요. 하지만 농민들이 계속해서 항의하자 신문과 방송 기자들이 몰려들어 어떻게 된 일인지 취재하기 시작했어요. 2002년, 디콘사는 언론과 농민들에게 무릎 꿇고 모든 사실을 밝혔어요.

멕시코가 발칵 뒤집혔어요. 멕시코 국민들은 흥분했어요. 아무것도 모른 채, 동의한 적도 없이 세계 최초로 유전자 조작 옥수수를 먹었으니까요. 유전자 조작 옥수수를 먹어도 안전한지 식품 안전성 검사 결과가 아직 나오지도 않은 때라 멕시코 국민 전체가 유전자 조작 옥수수 안전성을 검사하는 실험 쥐가 된 꼴이니 얼마나 기가 막혔겠어요?

"3년 동안 우리가 수입한 옥수수에 유전자 조작 옥수수가 섞여 있었다니!"

결국 디콘사는 문을 닫아야 했어요. 검증되지 않은 작물을 수입하는 엄청난 잘못을 저질렀으니까요. 하지만 정작 이 모든 화근의 씨를 제공한 미국 곡물 회사는 "멕시코 사람들 대부분이 유전자 조작 옥수수를 먹었지만 아무런 문제가 없었다."라며 "멕시코는 유전자 조작 옥수수의 안전성을 입증하는 훌륭한 사례"라고 말했어요. 그야말로 적반하장이 아닐 수 없었죠.

하지만 그게 끝이 아니었어요. 옥수수 농사를 망친 멕시코 농민들은 이번에는 종자 회사에서 재래종 옥수수 종자를 사서 심었어요. 몇몇 연구 기관에서는 그해에 수확한 옥수수 알곡을 멕시코 전역에서 모아 유전자 조작 작물인지 아닌지 실험했어요. 그런데 불행하게도 몇 곳에서 수확된 알곡은 유전자 조작 옥수수였어요. 재래종 옥수수를 심었는데 유전자 조작 옥수수가 나온 거예요. 묵힌 밭에 떨어진 유전자 조작 옥수수 알곡이 이듬해에 싹을 틔웠고, 이 옥수수와 재래종 옥수수가 교배해 새로운 유전자 조작 옥수수가 만들어진 거죠. 그제서야 사람들은 터미네이터 기술도 완전하지 않다는 사실을 알게 되었어요.*

> ### 사라진 멕시코 옥수수
> 유전자 조작 옥수수의 점령으로 멕시코 전통 옥수수는 사라지고, 옥수수 대국으로 불리던 멕시코가 옥수수 소비량의 30퍼센트를 미국에서 역수입하게 되었다.

그 뒤 멕시코에서는 자연 상태에서 번식하면서 끊임없이 바뀌고 있는 유전자 조작 옥수수를 골라 없애는 데 어마어마한 돈을 들여야 했어요. 그렇지만 아직도 유전자 조작 옥수수를 모두 없애지는 못했어요.

이처럼 유전자 조작 작물은 번식과 변형을 거듭하면서 계속 살아남고 있어요. 아니, 갈수록 늘어나고 있어요. 살아남아 후손을 남기려는 것은 생명의 본능인데, 이는 유전자 조작 작물도 예외가 아니었던 거예요.

멕시코에서는 생태계가 유전자 조작 작물에 '오염'되었다고 말하고 있어요. 유전자 조작 작물이 생태계를 교란시키고 파괴시키는 일이야말로 끔찍한 재앙이 아닐 수 없지요.

유전자 조작 농산물의 생존 본능

유전자 조작 작물이 늘어나면서 유전자 조작 콩과 옥수수의 수출입 물량은 해마다 크게 늘고 있어요. **우리나라도 2008년에 처음으로 유전자 조작 옥수수를 가공식품 원료로 수입해서 큰 논란이 일었지요.** 아무리 가공식품 원료라고는 하지만 안전한지 아닌지 알 수 없는 상황에서 식용으로 들여온 거니까요.

유전자 조작 작물은 최근 10여 년 사이에 만들어졌으니 비록 겉모양과 맛은 사람들이 수천, 수만 년 동안 먹어 오던 옥수수나 콩과 똑같지만, 사실은 누구도 먹어 본 적이 없는 생소한 식품이에요.

대형 다국적 종자 회사와 몇몇 국가의 권위 있는 검사 기관에서는 유전자 조작 작물이 안전하다고 이야기하고 있어요. 하지만 과학자들은 훨씬 오랜 기간 안전성 검사를 거쳐야 안전한지 아닌지 제대로 알 수 있다고 해요. 지금 우리가 먹고 있는 일반 작물들만 봐도, 짧게는 수백 년에서 길게는 수만 년까지 사람들이 직접 몸으로 안전성을 검증한 것들이에요. 우리가 먹은 것이 우리 몸에 영향을 미치는 기간은 그보다 훨씬 더 길 수 있기 때문에 고작 몇 달, 몇 년을 지켜봤다고 해서 안전하다고 말할 수는 없어요. 게다가 어떤 경우에 어떤 변이가 생길지 완벽하게 예측할 수도 없고, 예상하지 못한 결과가 나타났을 때 대처할 방법도 모르는 상황이니까요. 실제 있었던 예를 들어 볼까요?

1998년 8월, 영국 로웨트 연구소 푸스타이 박사가 유전자 조작 감자를 쥐에게 먹였어요. 그랬더니 쥐의 면역력이 크게 떨어져 각종 질병에 쉽게 감염되었어요.

1999년 1월, 독일에서는 유전자 조작 식품을 먹었을 때 인체에서 어떤 일이 일어나는지 컴퓨터 시뮬레이션을 해 보았어요. 그 결과 항생제에 내성을 갖는 슈퍼 박테리아가 나타날 가능성이 있다는 결론이 나왔어요.

같은 해 5월, 영국 의료 연합에서는 유전자 조작 식품을 먹으면 항생제가 잘 듣지 않아 병을 치료하기 힘들 수 있다고 경고했어요.

2000년 5월, 독일 예나 대학교 연구진은 유전자 조작 유채의 꽃가루를 먹은 꿀벌의 장 속에서 조작 유전자가 나왔다면서 유전자 조작 작물을 먹은 동물과 사람에게 그 유전자가 흡수될 수 있다고 했어요.

이렇듯 여러 과학 기관에서 경고하고 있는 내용을 모아 볼 때 **유전자 조작 작물을 먹으면 조작된 유전자가 몸 안에 쌓일 수 있는데, 이것이 사람 몸에 어떤 영향을 미칠지는 알 수 없어요.** 설사 좋은 영향을 줄 수 있다고 하더라도, 혹시나 있을지도 모를 나쁜 영향을 생각하면, 위험을 감수하면서까지 굳이 유전자 조작 작물을 먹을 이유는 없는 것이지요.

그러나 무엇보다 큰 위험은 자연 상태에서 살아남은 유전자 조작 작물이 끊임없이 변종을 만들어 낸다는 거예요. 그러니 지금 당장 인체에 아무런 해가 없는 유전자 조작 알곡이라고 해도, 몇 년 뒤에도 그럴 것이라고는 장담할 수 없는 거지요.

피해를 입히는 벌레를 죽이는 유전자 조작 옥수수는 특정한 시기에 줄기와 잎에서 벌레에게 치명적인 독을 분비하도록 설계되어 있어요. 알곡을 맺을 때와 알곡에는 독을 분비하지 않는데다, 인체에는 해가 되지 않는 독이라고 하니, 설계대로라면 먹어도 괜찮을 거예요.

그런데 자연 상태에서 살아남은 변종이 연구소에서 설계한 대로만 움직일 거라고 누가 장담할 수 있겠어요? 만약 알곡을 맺을 때에도 독을 분비한다면? 알곡에도 독이 분비되어 쌓인다면? 독이 사람이나 가축에게 치명적인 성질을 갖게 되었다면?

제초제에 죽지 않는 옥수수도 마찬가지예요. 설계대로라면 제초제를 뿌리면 옥수수를 뺀 나머지 잡초는 모두 죽겠지요. 문제는 제초제를 계속해서 뿌리면 제초제에도 죽지 않는 잡초 변종, 이른바 슈퍼 잡초가 나타난다는 거예요. 제초제에도 죽지 않으니까 옥수수밭은 다시 잡초로 무성해지고 옥수수 수확량은 많이 줄어들겠지요. 새로운 제초제가 나오지 않는 한 이른바 슈퍼 잡초는 사람 손으로 하나하나 뽑아야 할 테고요.

또 한 가지 가능성이 남아 있군요. 제초제나 독에도 죽지 않는 변종 벌레가 나타날 수도 있어요. 이른바 슈퍼 해충인 셈이지요. 이런 슈퍼 해충이 논밭을 쑥대밭으로 만드는 장면은 상상만 해도 끔찍해요.

미국 환경청에서도 유전자 조작 작물이 환경에 나쁜 영향을 미친다고 공식적으로 인정한 바 있어요. 해충을 죽일 목적으로 유전자를 조작한 살충 옥수수가 익충까지 죽이면서 내성을 **빠르게** 높이고 있다는 이야기죠. 그래서 미국 환경청은 살충 옥수수를 심을 때에는 경작지의 20퍼센트에는 반드시 일반 옥수수를 심어 해충과 익충 모두에게 피신처를 마련해 줘야 한다고 정했어요. 울트라 슈퍼 잡초와 울트라 슈퍼 해충이 나타나는 악순환을 막기 위해서 말이에요.

카르타헤나 의정서

정식 명칭은 '바이오 안전성에 대한 카르타헤나 의정서'이다. 2000년 1월에 캐나다 몬트리올에서 열린 생물 다양성 보존 협약 특별 당사국 총회에서 채택되었다. 유전자 조작 작물의 국가 간 이동을 규제하는 최초의 협약이다. 3년 뒤인 2003년에 '팔라우'라는 나라가 50번째로 비준하면서 그 효력이 정식으로 발효되었다. 이 의정서를 비준한 나라는 유전자 조작 작물이 안전하지 않다는 과학적 증거를 제시하지 않더라도 위험하다고 판단하면, 무역 보복에 대한 염려 없이 언제든 수입을 중단할 수 있다. 유전자 조작 작물의 위험성에 대해서 전 세계가 인정하고 있는 것이다. 우리나라도 2007년에 이 의정서를 비준했다. 하지만 미국은 아직 비준하지 않았다.

chapter **6**
위기에 빠진 농업,
대안을 찾아서

쿠바의 무한 도전, 그리고 성공.
무너져 가는 우리나라 농업도 아직
희망이 있다!

적자 농업, 위기의 농촌

오늘날, 전 세계의 농업은 큰 위기에 빠져 있어요. 농업은 별 볼일 없는 사양 산업이 되고 말았지요. 이익은커녕 생산비조차 건지지 못하고 손해만 보는 천덕꾸러기, 정부가 나서서 도와주지 않으면 사라지고 말 애물단지로 바뀌었어요.

녹색혁명 이후 화학비료와 농약은 농사를 지을 때 없어서는 안 될 필수품이 되었어요. 다수확 품종 탓에 쉴 틈 없이 일한 땅의 힘을 회복시키려면 화학비료를 듬뿍 주어야 해요. 그렇게 해서라도 땅의 힘을 다시 채워 주지 않으면 농사를 망치니까요.

농약과 제초제 덕분에 병충해를 막고 잡초 없애는 일은 아주 쉬워졌어요. 하지만 세균과 벌레들이 농약에 내성이 생기면서 갈수록 더욱

센 농약을 더 많이 뿌리지 않으면 안 될 상황이 되었지요. 그런데 화학 비료와 농약을 많이 쓰면 쓸수록 생산비는 계속 올라가요. 대신 농사를 망치는 경우는 별로 없기 때문에 대부분 풍작을 이루지요. 그러나 풍작이 되면 농산물은 제값을 받기가 어려워요.

그래서 어느 나라를 막론하고, 농민들은 해마다 적자를 보기 십상이에요. 풍작이면 풍작인 대로 농작물이 넘쳐나니 제값을 못 받아서, 흉작이면 흉작인 대로 다른 나라에서 값싸게 농작물을 수입해 오니 비싸게 받을 기회가 없으니까요.

농민들이 손해를 보지 않는 방법은 딱 하나예요. 아예 농사를 짓지 않는 것이지요. 농사를 짓지 않는다면 농촌에 남아 있을 까닭이 없어요. 농촌을 떠나 대도시나 공단 지대로 가서 일자리를 찾아야 하지요. 이런 이유로 젊은이들은 하나둘 농촌을 떠났고, 농촌에는 도시에 적응하기 힘든 노인들만 남았어요.

언제나 적자를 보는 농업을 흑자로 돌릴 길은 없을까요? 무너져 가는 농촌을 되살릴 길은 없을까요?

해결책은 있다!

　　농업의 위기는 녹색 혁명 이후 늘어난 농산물 생산량으로 농산물이 제값을 받지 못해서 왔어요. 하지만 30여 년이 흐르면서 사정은 크게 바뀌고 있어요. 세계 인구가 크게 늘고 사람들의 생활수준이 높아지면서 농산물 수요가 크게 늘었거든요.

　　농산물이 제값을 받을 수 있는 길이 열린 거예요. 그래도 안심할 수만은 없어요. 유전자 조작 기술을 이용해 만들어 낸 다수확 품종이 널리 보급되면 농산물 생산이 갑자기 늘어날 수 있거든요.

　　최근 농산물 수요가 늘어 위기에 빠진 농업에 한 가닥 숨통이 트였다고는 하지만, 농업과 농촌을 되살릴 근본적인 처방이라고는 볼 수 없어요. 생명이 위급한 응급 환자는 우선 숨통을 틔워 생명을 연장한 뒤 병의 근본 원인을 찾아 치료해야 하듯이, 농업과 농촌도 문제의 근본 원인을 차근차근 해결해 나가야 해요.

　　오늘날 농업과 농촌은 옴짝달싹 못할 만큼 어려운 처지에 놓여 있어요. 우리나라는 물론 세계 여러 나라들 모두 농업 정책을 놓고 전전긍긍하고 있지요. 경쟁력 없는 산업은 버리고 경쟁력 있는 산업에 모든 힘을 쏟아 붓는 차원에서 과감히 농업을 포기할지, 아니면 국가와 민족의 생존에 꼭 필요한 전략 산업인 만큼 온 힘을 다해 농업을 지원하고 살릴지 고민하고 있어요.

농업을 포기하고 해외에서 수입하자니 농산물 수출국과 곡물 회사들의 횡포가 두려워요. 몇몇 농산물 수출국과 곡물 회사들이 식량을 비롯한 농산물 시장을 독점한다면 이 핑계 저 핑계를 대고 값을 올릴 게 뻔하니까요. 전보다 두세 배의 값을 내고도 식량을 구하지 못해 발을 동동 굴러야 할 수도 있어요. **국민의 목숨 줄인 식량을 남에게 맡겼다가 엄청난 피해를 본 나라들이 2008년에만 무려 40개국이 넘었다는 것도 똑똑히 보았고요.**

하지만 농업을 전략 산업으로 보고 무슨 수를 쓰더라도 농업을 지원하자니 그것도 쉽지 않아요. 미국, 오스트레일리아, 중국 등 농산물 수출국과 곡물 회사들의 반발이 엄청나거든요. 조금이라도 마음에 들지 않으면 얼토당토않은 압력을 가하지요. 문제는 이들 나라들이 국제적인 발언권이 센 강대국이라 압력을 버티기가 쉽지 않다는 거예요. 특히 미국과 유럽의 곡물 회사들은 온갖 꼬투리를 잡아 정부를 움직여 압력을 가하는데, 그 힘이 여간 큰 게 아니에요. **정부와 국민이 그 어떤 압력도 이겨내겠다는 마음가짐으로 하나가 되지 않는 한, 농산물 수출국과 곡물 회사들의 압력을 견뎌 내기란 불가능에 가까워요.**

특히 우리나라와 같이 수출로 먹고 사는 경우에는 정부와 국민이 압력을 버텨 내고 농업을 지원하는 게 아주 힘들어요. 농산물 수출국과 곡물 회사들이 정부의 농업 지원 정책을 꼬투리 잡아 보복하겠다고 하는 순간, 수출 길이 막혀 못 살겠다는 대기업들의 아우성이 터져 나오거든요. 상인들도 경기가 나빠져 장사가 안 된다며 맞장구를 치고요. 언론이 은근슬쩍 통상 마찰을 가져오는 농업 지원 정책을 그만두라고 훈수를 두면, 정부는 약간의 금전적 보상으로 농민들을 달래고 말아요.

이런 식으로 조금씩 물러선 것이 농산물 시장 개방 정책이었어요. 수입 농산물이 우리 농산물 시장을 야금야금 갉아먹으면서 농업과 농촌은 조금씩 죽어갔지요. 이것이 오늘날 농업과 농촌이 위기에 빠진 근본 원인이에요.

이렇게 들어온 수입 농산물에 비해 우리나라 농산물 값이 몇 배 비싸다는 사실도 정부에서 농업과 농촌을 지원하는 것을 막고 있어요. 비싼 국내 농산물만 먹어서는 생활비가 너무 많이 들어 힘들어 하는 국민들도 있거든요.

농산물 수출국과 곡물 회사의 압박만큼, 이로 인해 야기된 우리 농민, 수출 기업, 그리고 국민들 사이 이해의 충돌도 농업 지원 정책을 우선하는 것을 가로막는 장애물이에요.

농업과 농민, 농촌의 위기를 해결하려면 무엇보다 필요한 것이 멀리 바라보려는 자세예요. 농민과 소비자, 기업과 정부를 포함한 모두가 이러한 자세를 가질 때 모두에게 이익이 되는 바람직한 해결책을 찾아낼 수 있거든요. 눈앞의 작은 이익에 눈이 멀어 먼 훗날의 큰 이익을 보지 못하면 해결책은 찾을 수 없어요.

우선 농업과 농민, 농촌을 살리는 것이 농민뿐만 아니라 국민 모두에게 이익이라는 점을 확실히 알 필요가 있어요. 농업과 농촌이 사라지면 나라 경제와 국민 생활은 엄청난 피해를 입을 게 분명하거든요.

2004년 이후 세계는 식량 위기를 겪고 있어요. 식량 위기는 앞으로도 상당 기간 계속될 것으로 전망되지요. 이런 상황에서 우리가 쌀을 자급하지 못하고 해외에서 수입한다면 나라 경제는 물론 국민 생활도 엄청난 손해를 보리라는 것은 불 보듯 빤해요. 그러니

정부와 기업, 국민은 다같이 새롭게 농업을 바라보고 멀리 내다 보아야 위기의 우리나라 농업, 농촌, 농민을 살릴 수 있다.

외국 쌀이 싸다는 생각은 일단 접어 두는 것이 좋아요.

2004년 이전에는 우리 쌀이 미국 캘리포니아산 쌀이나 중국 동북부산 쌀보다 4~5배는 비쌌어요. 이때를 떠올리며 외국 쌀이 우리 쌀보다 훨씬 싸다고 생각하는 사람들이 많은데, 2008년 식량 위기 이후에는 그 차이가 반 정도로 줄었답니다.

> ### 러시아 가뭄에 세계 곡물 파동
>
> 2010년 8월에 세계 3대 밀 수출국인 러시아가 가뭄과 산불로 큰 피해를 입자 밀 수출을 금지했다. 이 때문에 밀 가격은 물론 세계 곡물 값이 천정부지로 치솟았다. 러시아의 밀 수출 금지는 2008년에 있었던 전 세계적인 식량 파동을 상기시키며, '식량 무기화'의 위력을 실감하게 했다.

식량 위기 시대에 쌀은 나라와 국민의 목숨이 달린 전략 물자예요. 전략 물자란 전쟁이나 천재지변 같은 큰일이 나서 다른 나라에서 사 올 수 없더라도 버틸 수 있도록 정부에서 비축하는 물자를 말해요. 석유가 대표적인 전략 물자예요.

그동안 정부에서는 우리 국민이 두 달 동안 먹을 수 있는 양인 70만 톤 안팎의 쌀을 공공 비축 미곡으로 사들여 창고에 보관해 왔어요. 하지만 쌀을 전략 물자로 쓰려면 100일 동안 먹을 수 있는 110만 톤 정도가 필요해요. 여기에 드는 예산은 5천억 원을 조금 넘어요. 국민 한 사람당 1만 원씩 부담해야 하는 큰 돈이지요. 하지만 4대 강 살리기 예산 22조 원에 비하면 그리 큰돈은 아니에요.

우리나라는 2010년 현재, 쌀 재고가 140만 톤이 넘어요. 2008년 68만 톤이던 것과 비교하면 두 배 이상 늘어났지요.

유엔 식량 농업 기구가 보는 적정 쌀 재고 72만 톤과 비교해도 68만 톤이나 많기 때문에 쌀값이 크게 떨어질 수밖에 없는 현실이에요. 80킬로그램 한 가마에 17만원을 넘던 것이 2년 만에 13만원 이하로 무려 4만원 이상 떨어졌어요. 20년 전 쌀값이라는군요. 이 때문에 벼농사를 포기하는 농민도 늘어났어요.

이럴 때 2007년까지 북한에 보내던 쌀 40만 톤 지원을 다시 보내는 방법은 어떨까요?* 북한에 쌀을 지원하는 것은 굶주리는 북한 주민을 살리려는 인도적인 차원이기도 하지만, 쌀값 하락으로 괴로워하는 우리 농민에 대한 지원이기도 해요. 얼어붙은 남북 관계도 풀고 농민들도 지원하고 그야말로 일석이조인 셈이지요.

북한 쌀 지원과 쌀값

2007년까지는 매년 정부에서 쌀 40만 톤을 차관 형태로 북한에 지원해 재고량이 늘어나는 것을 막아 왔다. 재고량을 줄여 쌀값 하락을 막은 것이다. 하지만 최근 남북 관계가 악화되면서 쌀 지원이 끊겼다. 북한으로 가던 40만 톤이 해마다 고스란히 재고로 쌓이면서 쌀값은 크게 떨어졌다.

우리나라는 쌀을 뺀 나머지 곡물 대부분을 수입하고 있어요. 식량 자급률이 27퍼센트 남짓일 정도로 낮지요. 그나마 자급하고 있는 쌀을 빼면 고작 5퍼센트예요.

그러면 우리와 사정이 비슷한 이웃 일본의 식량 자급 상황은 어떨까요? 놀라지 마세요. 일본의 식량 자급률은 자그마치 41퍼센트를 넘어요. 물가가 비싼 일본도 식량을 비롯한 여러 농산물을 다른 나라에서 수입하는 경우가 많았어요. 특히 1993년에는 흉작이어서 일본 정부는 쌀을 급하게 수입해야 했는데, 이왕이면 품질 좋고 값도 적당한 우리나라에서 쌀을 사고 싶어 했지요. 우리나라도 남는 쌀을 팔고 싶었고요.

하지만 미국이 문제였어요. 미국 정부는 우리나라 정부에 쌀을 팔지 못하도록 압력을 넣었어요. 일본에 캘리포니아산 쌀을 수출하려는 속셈이었지요. 결국 일본 정부는 맛도, 품질도 떨어지는 미국산 쌀을 국제 시세의 두 배 가격으로 수입해야 했어요.

일본 정부는 식량이 무기처럼 위력을 가질 수 있는 시대에 다른 나라에 휘둘리지 않으려면 자급률을 높여야 한다는 사실을 그때 뼈저리게 깨달았어요. 일본 정부에서 식량 자급에 앞장서자 미국과 오스트레일리아, 중국 같은 농산물 수출국들이 거세게 반발했지요.

하지만 일본 정부는 그 어떤 압력에도 굴하지 않았어요.

일본 정부는 식량 자급률을 법으로 정해 반드시 지키려고 애썼어요. 밀, 메밀, 콩, 옥수수를 심는 농가에도 각종 보조금을 주어 생산을 늘려 나갔어요. 비싸지만 안전한 먹을거리를 찾는 자국민들의 요구도 큰 힘이 되었지요. 덕분에 가격 경쟁에 밀려 사라져 가던 밀, 메밀, 콩, 옥수수 농사가 되살아나면서 식량 자급률도 크게 올랐답니다.

우리나라도 일본처럼 식량 자급률을 높이려는 노력을 게을리하지 말아야 해요. 밀, 콩, 보리는 물론이고 가축에게 먹이는 사료 작물 생산량도 늘려야 하고요. 이런 작물들을 심는 농가에도 세계 무역 기구가 허용하는 보조금을 될 수 있는 한 많이 주어야겠지요. 그리고 비싸더라도 안전한 우리 먹을거리를 찾는 소비자들의 요구를 채울 수 있도록 생활 협동조합 같은 각종 농민-소비자 직거래 단체에 대한 지원도 아끼지 말아야 하고요.

식량 자급률 목표를 아예 법으로 정해 농민들을 지원하는 것도 좋은 방법이지요.

무한 도전, 쿠바가 새롭게 발견한 농업

카리브 해에 있는 섬나라 쿠바는 사회주의 국가예요. 1958년에 피델 카스트로와 체 게바라가 이끄는 혁명군이 바티스타 독재 정부를 몰아내고 사회주의 정부를 세우자 미국과 동맹국들은 쿠바와의 교역을 완전히 중단했어요. 경제 봉쇄로 쿠바를 말려 죽이겠다는 속셈이었지요.

하지만 쿠바 정부는 소련, 중국, 동유럽 같은 사회주의 나라들과 교역함으로써 경제 봉쇄를 이겨 낼 수 있었어요. 설탕을 팔고 석유를 사 오는 교역 구조였지요. 이 나라들은 미국과 맞서 싸우는 쿠바를 지원하기 위해 설탕은 후하게 사고, 석유는 싸게 팔았어요.

그런데 1980년대 말이 되자 동유럽 사회주의 국가들이 무너졌어요. 1991년에는 소련이 해체되었고요.

이 나라들에서 석유를 싸게 들여오던 쿠바 정부는 커다란 위기에 빠졌어요. 설탕 값은 곤두박질쳤고, 수출량도 절반 이하로 줄어들었어요. 설탕 수출

"우리도 힘들다. 더 이상 석유를 싸게 줄 수 없다. 제값 내고 사 가라. 설탕도 국제 시세대로 사겠다. 수입 물량도 너무 많으니 확 줄여라."

미국의 경제 봉쇄와 동유럽 사회주의 국가들이
무너져 내리면서 쿠바는 커다란 위기에 빠졌다.
쿠바 정부는 위기에서 벗어날 묘책을 찾아야 했다.

로 번 돈으로는 석유를 예전의 4분의 1도 못 사게 되었고요. 탱크도, 군함도, 전투기도, 기차도, 버스도, 자동차도 운행을 중단해야 할 판이었어요. 결국 쿠바 정부는 1991년 9월에 전쟁 때에나 선포하는 국가 비상사태를 선포할 수밖에 없었어요. 그리고 전략 물자인 석유를 최대한 아끼기 위해 피눈물 나는 노력을 기울였어요. 국방과 운송, 발전 같은 데에 우선 배분하고, 민간용으로는 거의 배분하지 않았어요.

화학비료나 농약은 석유를 가공해 만들어요. 그런데 석유가 모자라니 화학비료도 농약도 만들 수 없었어요. 화학비료나 농약이 없으니 농민들은 어떻게 농사를 짓느냐고 아우성을 쳤어요. 작물 수확량이 줄어들 것은 불을 보듯 뻔했고요.

'화학비료와 농약을 쓰지 않고도 수확량을 유지하는 방법은 없을까?'

쿠바 정부와 과학자들, 농민들은 머리를 맞대고 고민에 고민을 거듭했어요. 화학비료와 농약이 없던 시대에는 어떻게 땅의 힘을 북돋았고, 병충해를 막았을까? 비밀의 열쇠는 전통 방식 그대로 농사짓는 방법에 있었어요. 과학자들과 농민들은 동서고금의 농법 서적을 뒤지고 노인들의 이야기를 들었어요. 그렇게 해서 찾아낸 해답이 바로 '유기 농법'이었지요.

1992년부터 쿠바는 온 나라 농촌에서 화학비료와 농약 없이 농사를 짓기 시작했어요. 당시 쿠바 농촌을 둘러본 미국 스탠퍼드 대학교 조사단은 "인류 역사상 가장 큰 실험이 이루어지고 있다."라며 놀라워했어요.

하지만 화학 비료와 농약 없이 짓는 농사는 어려웠어요. 수확량이 크게 줄었지요. 그래도 쿠바 농민들은 포기하지 않았어요. 이듬해에도 수확량이 적기는 마찬가지였지만, 전해보다는 늘었어요.

3년째인 1994년, 전 세계는 쿠바가 거둔 수확량에 깜짝 놀랐어요. 화학비료와 농약을 써서 농사짓던 1991년 수확량과 비슷한 양이었기 때문이죠.

도대체 3년 동안 쿠바 농촌에서는 무슨 일이 일어났던 것일까요? 화학비료를 오래 쓰면 흙이 산성으로 변해 농사를 지을 수 없게 돼요. 그래서 몇 년에 한 번씩 흙을 갈아 주는 객토 작업을 하지요.

쿠바 농민들이 맨 처음 한 일도 흙을 갈아 주는 객토 작업이었어요. 야산에 있는 흙을 퍼다 농경지에 뿌리는 고된 일이었지요. 하지만 야산 흙에는 작물이 자라는 데 꼭 필요한 양분이 거의 없어요. 그렇다고 숲 속에 있는 부엽토를 박박 긁어 왔다가는 양분이 부족해져서 나무들이 말라 죽어요. 숲이 죽으면 가뭄과 홍수가 더욱 심해지지요.

야산 흙을 양분이 듬뿍 들어 있는 기름진 흙으로 만들려면 뭔가가 필요했어요. 쿠바 농민들은 가축 분뇨와 음식 찌꺼기를 섞어 만든 퇴비를 땅에 뿌렸어요. 한두 해 만에 땅을 기름지게 바꿀 수 없다는 사실은 진즉 알고 있었어요. 농민들은 몇 해씩이나 그 일을 힘들게 계속했어요.

그런데 쿠바의 농업 과학자들이 기름진 흙을 쉽게 만들 수 있는 법을 찾아냈어요. 그것은 바로 지렁이였지요. 땅속에 사는 지렁이는 나뭇잎이나 풀은 물론이고 동물의 분뇨를 먹고 살아가는데,

지렁이의 소화기를 거쳐 배설된 흙 속에는 여러 가지 미생물과 효소, 양분이 풍부하게 들어 있어요. 이 흙을 '지렁이 분변토'라고 해요. 이뿐만이 아니에요. 지렁이는 땅속에서 천천히 움직이기 때문에 지렁이가 지나간 곳은 작은 공기구멍이 생겨 흙 속에 사는 미생물들이 숨쉴 수 있게 해 줘요. 비가 많이 와도 금방 물이 빠져 홍수 피해도 줄여 주고요.

쿠바 과학자들은 쿠바에 사는 수천 종의 지렁이들을 일일이 채집하고 비교해서 어느 지렁이가 분변토를 가장 많이 만들어 내는지, 어느 지역에는 어떤 지렁이가 맞는지 연구했어요. 쿠바 정부도 지역마다 토양 연구소를 만들어서 그 지역에 맞는 지렁이를 길러 내어 분변토를 대량 생산·보급하게 하는 한편, 그 지역에 맞는 작물과 농법을 개발해 보급하게 했고요.

가축과 사람한테서 얻을 수 있는 분뇨와 음식물 쓰레기, 김매기를 끝낸 잡초 같은 것들은 지렁이 분변토 생산 시설로 보냈어요. 악취가

인류 역사상 가장 큰 실험이 이루어졌던 쿠바 농업의 일등 공신은 지렁이였다.
지렁이 분변토는 땅을 기름지게 만들었고, 안전한 먹을거리를 수확할 수 있게 했다.

고약할 것 같지만, 천만의 말씀이에요. 지렁이 분변토는 냄새가 거의 나지 않아요. 아니, 오히려 상큼한 흙냄새가 나요.

쿠바 농민들은 엄청난 양의 지렁이 분변토를 땅에다 뿌렸어요. 그 결과는 놀라웠어요. 불과 2년 만에 화학비료를 뿌릴 때와 비슷한 효과를 거둔 거예요. 6년 만인 1997년에는 화학비료를 쓸 때보다 수확량이 더욱 늘어났다고 하니, 지렁이 힘이 참 대단하지요?

그렇다면 농약 없이 병충해는 어떻게 막았을까요? 자연 생태계에는 병충해가 퍼지지 않도록 막는 장치가 원래부터 마련되어 있어요. 바로 천적과 먹이 사슬 장치이지요. 천적과 먹이 사슬은 어떤 종이 지나치게 번식하는 현상을 막아 주어 생태계가 균형을 이루게 한답니다.

농약을 치지 않자 처음에는 병충해가 극심했어요. 하지만 뿌릴 농약이 없어 그냥 내버려 두었지요. 시간이 조금 지나자 신기한 일이 벌어졌어요. 농약을 뿌리면서 사라진 곤충들과 짐승들이 다시 나타난 거예요. 이 곤충들과 짐승들은 줄기와 잎, 낟알을 갉아먹던 해충을 잡아

먹었어요. 자연스럽게 병충해도 수그러들었지요.

그렇다고 쿠바 농민들과 과학자들이 두 손 놓고 가만있었던 것은 아니에요. 줄기나 잎, 낟알을 갉아먹는 해충이 파나 마리골드 같은 향이 진한 향초 냄새를 싫어한다는 사실을 알아냈어요. 시험 삼아 상추밭에 마리골드를 듬성듬성 심어 봤지요. 그랬더니 해충이 아예 접근도 하지 않는 거예요. 쿠바 정부에서는 이 연구 결과를 널리 알렸어요. 그 뒤 쿠바에서는 작물을 심을 때면 언제나 이 향초를 듬성듬성 밭에 두어요. 향초가 해충을 쫓아내면서 병충해가 크게 줄어들었지요.

농약을 치지 않고 기르자 밭에서 딴 것을 그대로 먹어도 될 만큼 먹을거리가 안전해졌어요.

1991년 이후 몇 년 동안 쿠바 국민은 먹을거리가 부족해 큰 어려움을 겪었어요. 농촌 주민들은 직접 작물을 키우니까 그나마 먹을거리를 구하기가 쉬웠지만, 도시에 사는 주민들은 더욱 힘들었지요.

굶주림에 시달리던 도시 주민들 가운데 일부는 자투리 공터에 텃밭을 일궈 옥수수나 채소를 길렀어요. 사람들 대부분은 도시에서 무슨 농사냐고 비웃었지요. 흉작이 될 것이 뻔하다며 괜한 땀 흘리지 말라고 충고하는 사람도 많았어요. 하지만 웬걸요? 이삭이 탐스럽게 영그는 게 아니겠어요? 혹시나 하며 농사를 지은 사람들도 꽤나 쏠쏠한 수확에 깜짝 놀랐어요.

이를 본 도시 주민들 사이에 텃밭 가꾸기 열풍이 불었어요. 아파트 화단에 옥수수를 심고, 베란다에 채소를 키웠어요.

아파트나 고층 빌딩 옥상에도 흙을 깔고 옥수수와 채소를 심었고요. 너나없이 모두 짬을 내 농사를 지으면서 어느덧 굶주림은 사라져 버렸어요. 쿠바 정부도 도시 주민들이 농사짓는 것을 적극 장려했지요. 이렇게 해서 1990년에 43퍼센트였던 쿠바의 식량 자급률은 단기간에 무려 95퍼센트로 올라갔어요.

쿠바는 '인류 역사상 가장 큰 실험'에 성공했어요. 쿠바가 이루어 낸 유기 농업과 도시 생태 농업은 석유 고갈 시대에 맞는 농업의 새로운 대안으로, 전 세계 사람들에게 희망을 밝히는 등불이 되었답니다.

안전한 먹을거리와 친환경 농업

우리나라에서는 1970년대부터 화학비료와 농약 보급이 본격화되었어요. 덕분에 농사일에 드는 품은 줄고 수확량은 늘었지요. 게다가 소비자들이 좋아하는 미끈하고 잘생긴 농산물을 얻을 수도 있었고요.

그런데 농산물이 말쑥하려면 벌레가 아예 다가오지 못하게 해야 돼요. 농산물 위로 벌레가 기어가거나 조금이라도 갉아 먹으면 표면에 흠집이 나거든요. 그런데 농약을 여러 번 치면 손쉽게 벌레의 접근을

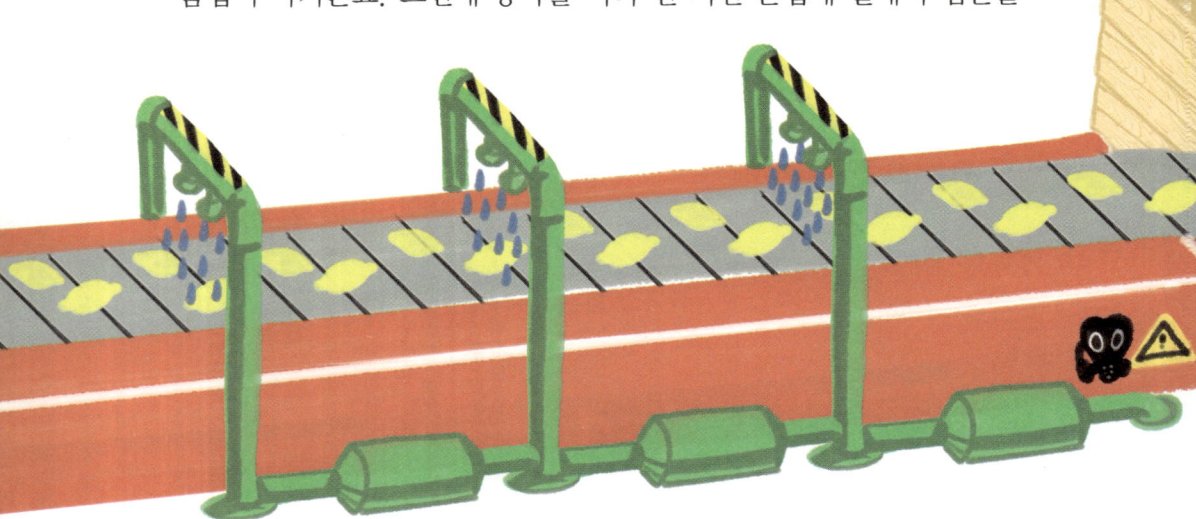

수입 과일은 유통기간이 길어 신선함을 유지하게 하기 위해 방부제를 비롯하여 온갖 약품으로 처리하는 경우가 많다.

막을 수 있어요. 또 농산물을 크기대로 선별한 다음 광택제를 뿌리고 몇 번 문질러 주면 윤기가 자르르 흘러 먹음직스럽게 보이지요.

하지만 농약을 여러 번 치고 광택제까지 바른 이른바 '때깔 좋은' 농산물이 사람 몸에 좋을 리가 없지요. 농약이나 광택제에는 중금속이나 화학 물질이 많이 들어 있으니까요. 이렇게 알게 모르게 조금씩 먹는 농약과 광택제는 배출되지 않고 몸 안에 쌓여 중금속 중독이나 각종 알레르기를 일으키기도 해요. 그러니 농산물을 먹기 전에는 흐르는 물에 여러 번 깨끗하게 씻어야 해요.

채소나 과일 같은 농산물 대부분은 껍질에 영양소가 많아요. 하지만 언제부터인가 사람들은 과일을 껍질째 먹지 않아요. 예전 같으면 감기에 걸렸을 때 말린 귤껍질로 차를 끓여 먹었지만, 지금은 그런 모습을 찾아보기가 어려워요.

다른 나라에서 수입하는 바나나, 파인애플, 망고, 오렌지 같은 열대 과일들은 문제가 더욱 심각해요. 산지에서 따서 배에 실은 뒤 바다를 건너 소비자가 시장에서 사다 먹기까지는 두 달 남짓 걸려요. 그 기간을 고려해 산지에서는 채 익지 않은 시퍼런 과일을 따요. 아무리 냉장 유통한다고 하더라도 두 달 동안이나 부패를 막기는 어려워요. 그래서 쓰는 방법이 방부제 처리를 하거나 방사선을 쐬어 주는 거예요. 방사선이 부패를 일으키는 세균이나 곰팡이를 모두 죽이거든요. 이렇게 처리한 과일이 우리 몸에 좋을 리가 없지요. 껍질도 없는 쌀, 밀, 옥수수 같은 작물은 더할 테고요.

1980년대부터 미국과 유럽, 일본 같은 선진국에서는 중산층 사람들을 중심으로 화학비료와 농약을 쓰지 않는 유기 농산물에 대한 관심이 크게 높아졌어요. 화학비료와 농약을 써서 재배한 농산물보다 훨씬 비쌌지만 불티나게 팔렸지요. 없어서 못 팔 지경이었답니다. 그러다 보니 유기 농업에 관심을 갖는 농민들도 크게 늘어났어요. 하지만 실제로 유기 농업으로 바꾸는 경우는 많지 않았어요. 그렇게 하려면 흙의 성질이 바뀔 때까지 몇 년 동안 기다려야 하는 데다 그 뒤로도 수확량이 확 느는 것도 아니거든요.

우리나라도 1990년대 초반부터 농사짓는 방법을 바꿔야 한다는 의식이 커졌어요. 농산물 시장이 개방되면서 물밀 듯이 밀려들어 오는 외국 농산물과는 가격 면에서 도저히 경쟁이 안 되었거든요. 가격 경쟁력이 없다면, 품질로 승부해야겠지요.

농산물의 품질이 뛰어나게 좋다는 말은 무엇을 말할까요? 다른 나라 농산물이 우리 농산물을 도저히 따라올 수 없는 딱 두 가지, '안전'과 '신선'을 보장하는 거예요. 안전하고 신선한 먹을거리를 생산하는

친환경 농법의 하나인 오리 농법은, 농약을 치는 대신 오리를 풀어서 해충을 잡아먹게 하고, 오리 배설물을 비료로 사용하는 농사법이다. 농약과 화학비료를 줄여 땅과 사람을 살리는 농사법으로 인기가 높다.

방법은 바로 화학비료와 농약을 쓰지 않고 생산하는 유기 농업이지요.

하지만 우리 농민들도 다른 선진국 농민들과 같은 고민에 빠졌어요. 흙의 성질을 바꾸는 데 걸리는 몇 년 동안 손가락만 빨 수는 없는 노릇이잖아요. 아무리 비싼 값을 받더라도 수확량이 크게 줄면 화학비료와 농약을 쓸 때보다 손해를 볼 수도 있어서 눈치만 보는 사람들이 많았어요.

어떻게 하면 흙의 성질을 바꾸는 시간을 줄이고 수확량 감소를 막을 수 있을까? 수많은 농민들이 정답 찾기에 도전했지만 비밀의 열쇠를 찾는 데는 모두 실패했어요. 그런데 2000년대 초반에 쿠바에서 들려온 유기 농업 혁명 소식은 많은 농민들을 설레게 했어요.

쿠바가 이루어 낸 유기 농업 혁명은 획기적이었어요. 흙의 성질을 바꾸는 데 많은 시간이 걸리지 않는 데다가 이 기간 동안 수확량도 크게 줄지 않았거든요. 그리고 흙의 성질을 바꾼 다음에는 화학비료와 농약을 쓰던 때보다 수확량이 오히려 늘어났지요.

이를 보고 우리 농민들도 자신감을 갖게 되었어요. 우리 땅에 맞는 우리식 유기 농업을 발전시키려는 노력이 제주도에서 강원도까지 온 나라에 퍼졌어요.

친환경 유기 농업은 비율로 보면 아직 미미하지만, 우리 농촌을 거듭나게 했어요. 생산비를 절감시키고 제값을 받을 수 있는 데다가 안전하고 신선한 먹을거리를 공급할 수 있게 했으니까요.

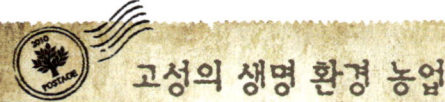

고성의 생명 환경 농업

최근 들어 경상남도 고성의 생명 환경 농업이 주목을 받고 있다.
이곳에서는 야산에 사는 토양 미생물을 채취해 배양한 뒤 가축 분뇨, 톱밥, 왕겨, 건초 따위에 뿌려 발효시킨 퇴비로 땅의 힘을 북돋는다. 볍씨도 농약으로 소독하는 대신에 64도의 뜨거운 물에 10분 동안 담갔다가 다시 찬물에 담가 곰팡이를 없앤다. 모내기를 할 때에는 3.3제곱미터에 75~80포기를 심는 보통 농사법과 달리 45~50포기만 심는다. 땅의 영양분을 많이 먹고 튼튼하게 자라게 하기 위해서이다.
또한 이곳에서는 천연 농약을 만들어 사용하는데, 페트병을 U자 모양으로 잘라 막걸리와 녹즙을 섞어 담아 놓으면 이화명충, 벼멸구 같은 해충들이 냄새를 맡고 들어갔다가 빠져 죽는다. 이런 페트병을 1미터 간격으로 매달아 놓는다. 하지만 해충을 죽이는 것은 천연 농약만이 아니다. 논에 사는 거미가 벌레를 잡아먹고, 새가 낟알을 노리는 메뚜기를 잡아먹는다. 뿐만 아니라 물속에 우렁이를 놓아길러 잡초를 먹어 치우게 하고 있다. 제초제와 김매기 일손을 대신하는 셈이다.
화학비료와 농약을 쓰지 않으면서 660제곱미터당 7~8만 원 들던 생산비가 3만 원으로 줄어 생산비가 무려 60퍼센트나 줄어들었다. 생명 환경 농업을 도입한 첫해에만 수확량이 6.6퍼센트 늘었고 화학비료와 농약을 쓰지 않은 친환경 쌀이라 가격도 80킬로그램 한 가마에 3만 원 정도 더 받았다. 생산비는 크게 줄이면서도 쌀값은 더 받을 수 있어서 농민들에게는 큰 이익이 되었다. 그래서 고성군과 경상남도에서는 생명 환경 농업을 더 널리 보급하려고 애쓰고 있다.

지역 먹을거리 공급 체계

 구슬이 서 말이라도 꿰어야 보배라는 속담이 있어요. 아무리 농민들이 친환경 유기 농업으로 안전하고 신선한 먹을거리를 생산해도 유통하기 힘들다면 아무 소용이 없겠지요.

우리나라는 농산물 유통 구조가 복잡해서 농민과 소비자가 큰 손해를 봐요. 배추가 흉작으로 값이 올라서 김치가 '금치'가 되었다는 기사를 본 적이 있을 거예요. 배추 한 포기에 5천~6천 원이나 해 주부들이 울상을 지어도 배추 농사를 짓는 농민들은 포기당 천 원을 받기 힘든 경우가 많아요. 차액은 중간 유통을 맡는 상인들 몫이지요.

친환경 유기 농산물도 마찬가지예요. 친환경 농산물, 아니 모든 농산물의 유통 구조를 투명하고 단순하게 만들지 않으면 농민과 소비자가 피해를 볼 수밖에 없어요. 그러니 농민과 소비자뿐만 아니라 특히 정부의 노력이 중요해요. 구도 자체를 바꾸지 않으면 아무것도 바뀌지 않을 테니까요. 그렇다면 정부는 무엇을 어떻게 해야 할까요?

우선, 정부와 지방 자치 단체는 농산물의 품질을 정확하게

관리해야 해요. 친환경 유기농 생산물인지 아닌지 한눈에 알 수 있도록 표기하는 것은 물론이고 자주 생산 현장을 찾아가 정말로 친환경 유기 농법으로 재배하고 있는지 확인해야 해요. 한 걸음 더 나아가 언제, 어디에서, 누가, 어떤 방법으로 농산물을 생산했는지 확인할 수 있는 농산물 이력제가 자리 잡도록 해야 하고요. 소비자들이 믿고 살 수 있는 기반을 갖추지 못한다면 친환경 유기 농업도 사막의 신기루처럼 사라지고 말 거예요.

정부와 지방 자치 단체가 할 일은 또 있어요. 바로 **농민과 소비자가 직접 거래할 수 있도록 환경을 조성하는 일이지요.** 직거래 장터는 물론이거니와 친환경 농산물 판매점, 생활 협동조합, 인터넷 판매망 같은 판매처를 지원해 주고, 없으면 새로 만들어야 해요.

정부와 지방 자치 단체가 앞장서서 안전하고 신선한 지역 농산물을 학교나 군대, 경찰, 병원 같은 단체 급식에 쓰는 것도 중요해요. 단체 급식에는 반드시 지역에서 생산한 친환경 유기 농산물을 쓰도록 법이나 명령, 조례 따위로 정하면 더욱 좋겠지요.

안전하고 신선한 친환경 유기 농산물을 지키려는 소비자들의 노력도 중요해요. 소비자들은 이미 1990년대부터 생활 협동조합 운동을 하고 있어요. 2008년 이후로는 안전하고 신선한 먹을거리에 대한 관심이 크게 높아지면서 더욱 발전하고 있지요. 생활 협동조합은 회원들과 친환경 유기 농산물 생산 농민들을 직접 연결시키는 거점으로, 회원들은 농민들에게 안정적인 판매처예요. 판매에 대한 걱정이 줄어드는 만큼 친환경 유기농 생산 농민도 늘어나지요. 그러면 유기 농산품의 가격도 떨어질 테니, 소비자와 생산자 모두에게 이익이 되는 거예요.

또한 친환경 유기농 생산 농민들을 직접 찾아가 생산 환경과 품질을 꼼꼼히 살펴보고 농민들과도 교류하는 것도 중요해요. 잘 아는 사람이 먹는다고 하면, 더욱 정성들여 작물을 키울 동기가 생기니까요. 또 농민과 직접 얼굴을 맞대면 서로 어떤 어려움이 있는지, 어떻게 해 주면 더 좋을지 알기도 쉽고요.

이렇게 지역에서 생산한 안전하고 신선한 먹을거리를 지역 안에서 소비하게 하는 것을 가리켜 '지역 먹을거리 공급 체계'라고 하는데, 미국, 유럽, 일본 같은 많은 선진국은 이 체계가 자리 잡고 있어요. 우리나라도 지역 먹을거리 공급 체계를 구축하는 데 더욱 힘써야 하겠지요.

우리 농촌이 살길

마지막으로 두 가지만 더 이야기할게요. 농업과 농촌, 농민이 위기에 빠진 까닭은 녹색혁명 이후 농산물 생산량이 너무 많아진 데다가 농산물 수출국과 곡물 기업이 농산물 시장을 개방하라고 압력을 넣기 때문이에요. 농산물 수출국들은 자기 나라 농민들한테는 온갖 이름을 붙여 보조금을 주면서 농산물 수입국 농민들은 그렇게 하지 못하도록 압력을 넣고 있어요.

그러므로 농산물 수출국과 곡물 기업의 압력을 이겨 내려면 농업과 농촌, 농민을 살려야 인류가 산다는 사실을 사람들에게 적극적으로 알릴 필요가 있어요. 물론 혼자 힘으로는 어려워요. 다른 농산물 수입국들과 손을 잡고 한 목소리를 내는 게 효과적이겠지요.

그런데 농산물 수출국들과 곡물 기업들이 꼼짝 못하는 논리가 있어요. 전 세계 사람들이 지구 온난화와 같은 기후 변화를 막기 위해 지금 당장 움직이지 않는다면 인류는 멸망한다는 과학자들의 경고예요. 인류가 생존하려면 개별 나라들의 이해를 뛰어넘어 모두가 함께 기후 변화를 막는 데 앞장서야 한다는 것이지요. 농산물 수입국들의 농업 보존 노력이 기후 변화를 막아 내는 데 도움이 된다면 보조금을 주어도 괜찮아요. 브라질이나 미국이 바이오 에탄올 생산용으로 사탕수수나 옥수수에 보조금을 주더라도 농업 보조금으로 치지 않는 것과 똑같아요. 따라서 지역 먹을거리 공급 체계나 논 농사가 기후 변화를 막아 내는 데 도움이 된다는 것을 입증하면 농산물 수출국들과 곡물 기업들의 개방 압력을 막아낼 수 있어요.

지역 먹을거리 공급 체계는 어떻게 지구 온난화를 막아 낼까요?

교토 의정서에서는 지구 온난화를 가져오는 여섯 가지 온실 가스 감축이야말로 인류의 생존이 걸린 일이라고 규정하고 있어요. 이산화탄소 배출권을 사고파는 탄소 시장까지 생각하는 것은 그만큼 이산화탄소 배출량을 줄이는 것이 인류 생존에 중요하기 때문이에요.

지역 먹을거리 공급 체계는 먹을거리가 운반되는 거리와 시간, 이동에 소모되는 연료를 줄여 줘요. 그러니까 이산화탄소 배출량을 늘리는 수입 농산물보다는 돈을 조금 더 주더라도 지역에서 나는 농작물을 먹는 것이 좀 더 친환경적이고 인류 생존에 보탬이 된다는 뜻이에요. 그러니 지역 먹을거리 공급 체계를 지원하는 것은 지구 환경 보호와 인류에 이바지하는 좋은 일이기도 해요.

쌀 생산에 필요한 논은 어떻게 기후 변화를 막아 낼까요?

논은 전 세계에 있는 자연 습지를 모두 합친 것보다 더 넓은 인공 습지예요. 습지는 대기 온도를 1.3도나 낮춘다고 해요. 논을 보호하는 일은 지구 생태계를 보호하고, 사람을 보호하고, 기후 변화를 막는 지름길이지요.

논을 만드는 데는 적게 잡아 3년, 길게 잡아 10년이 걸리지만, 논을 없애는 데는 단 하루면 돼요. 따라서 우리나라를 비롯한 쌀 생산 국가들이 쌀 농사에 보조금을 주어 농민과 논을 보호하는 것이야말로 지구를 살리는 지름길이랍니다.

이는 위기에 처한 우리 농업을 살리고 나아가 우리 자신이 건강하게 살 수 있는 일이기도 합니다.

땅은 정직하다.
뿌린 대로 거둔다.

농부는 위대하다.
우리들의 식량을 가꾸고 거둔다.

소중한 밥상을 위해
기꺼이 자신을 내어 놓는다.